능력 : 거듭난 자의 삶에 드러나는 것

BORN AFTER MIDNIGHT
by A.W. Tozer

Copyright ⓒ 1959 by Christian Publications,
Camp Hill, PA 17011 U.S.A.
All rights reserved.

Korean Edition Published by Word of Life Press, Seoul, 1978, 1999, 2006.
Translated and published by permission.
Printed in Korea.

능력 : 거듭난 자의 삶에 드러나는 힘
(구제 : 거듭난 자의 생활)

ⓒ 생명의말씀사 1978, 1999, 2006

1978년 6월 15일 1판 1쇄 발행
1997년 7월 1일   3쇄 발행
1999년 8월 25일 2판 1쇄 발행
2004년 12월 25일   3쇄 발행
2006년 11월 25일 3판 1쇄 발행
2024년 9월 10일   9쇄 발행

펴낸이 | 김창영
펴낸곳 | 생명의말씀사

등록 | 1962. 1. 10. No.300-1962-1
주소 | 서울시 종로구 경희궁1길 6 (03176)
전화 | 02)738-6555(본사) · 02)3159-7979(영업)
팩스 | 02)739-3824(본사) · 080-022-8585(영업)

기획편집 | 박미현, 이은숙
디자인 | 서상수, 오수지
캘리그라피 | 디자인 midam
인쇄 | 주손디앤피
제본 | 주손디앤피

ISBN 978-89-04-15663-4 (04230)
ISBN 978-89-04-18075-2 (세트)

저작권자의 허락없이 이 책의 일부 또는 전체를
무단 복제, 전재, 발췌하면 저작권법에 의해 처벌을 받습니다.

토저 대표작 시리즈 5

능력

: 거듭난 자의 삶에 드러나는 힘

에이든 토저 지음 | 한상국 옮김

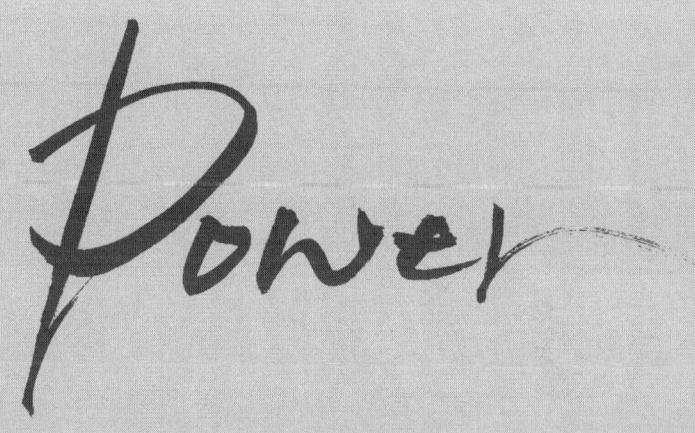

생명의말씀사

크 리 스 천 답 게   사 는   능 력 의   비 결   3 4 가 지

서문

우리가 다른 사람들을 위해 할 수 있는 최고의 봉사는 그들이 살아가는 이런저런 이야기를 하나님께 들려 드리는 것이다. 그런 다음 그들에게 다가가 하나님의 이름으로 말해야 한다. 다만 이 두 가지는 비록 우리라 하더라도 오직 예수 그리스도를 통해서만 가능한 특권이다.

수많은 사람들의 삶과 성품에 영향을 미치는 글을 쓰는 일은, 고귀한 특권인 동시에 무거운 책임이다. 그럼에도 내가 이와 같은 글을 쓸 수 있는 자격이 있다면 그것은 오로지 삼위일체 하나님을 사모하고, 또 주가 피로 사신 교회의 영적 싸움에 대해 슬픔 어린

관심을 갖고 있기 때문이다.

이 책의 내용 가운데에 무엇이든 하나님의 자녀들에게 유익하고 도움이 되는 것이 있다면, 그것은 나처럼 가치 없는 도구를 통해서도 값 있게 일하시는 성령님의 역사하심에 돌려야 할 것이다. 그 밖의 것은 한 인간의 약점 때문이므로 잊어버리기를 바란다.

이 책과 이 책을 읽게 될 모든 이들에게 진심 어린 기도를 보낸다.

— **토저**(A. W. Tozer)

목 차

서문 | 크리스천답게 사는 능력의 비결 34가지 · 5

제1부
기도하는 삶

01 부흥은 깊은 밤을 지나 탄생한다 · 10 | 02 거듭남은 내적 증거를 동반한다 · 16 | 03 어떤 시련이 닥치더라도 믿음 안에 굳게 서라 · 22 | 04 본질은 '하나님 먼저'에서 출발한다 · 28 | 05 지켜 주시는 권능을 경험하라 · 35 | 06 위기의 순간일수록 주를 찾고, 섬기라 · 41 | 07 말과 혀로 말고 행함과 진실함으로 · 46 | 08 에로틱한 것과 영적인 것을 구별하라 · 52 | 09 마귀를 인식하되 두려워 말라 · 57

제2부
주를 위하여

10 바르게 살려면 바르게 생각하라 · 64 | 11 자기 스스로 크고자, 으뜸이 되고자 하지 말라 · 70 | 12 가장 좋은 것도 십자가에 못박으라 · 76 | 13 성공과 실패의 참의미를 깨달으라 · 82 | 14 빛도 비추이고 시력도 받아야 한다 · 88 | 15 현재 처한 상황을 받아들이고, 또한 감사하라 · 94 | 16 일상이 '주를 위한' 삶이 되게 하라 · 100 | 17 하나님을 시간과 공간으로 제한하지 말라 · 105 | 18 진리의 빛은 하나님을 경외하는 이에게 비추인다 · 110

제3부
순종이 제사보다 낫다

19 내면을 전혀 새롭게 하라 · 118 | 20 심령 깊은 곳에서부터 주를 감탄하라 · 123 | 21 가장 중요한 것으로 돌아가라 · 128 | 22 상상력의 축복을 누려라 · 134 | 23 포기하라, 그러면 지켜진다 · 140 | 24 순종이 제사보다 낫다 · 145 | 25 무엇이든 감사함으로 하나님께 드리라 · 150 | 26 평안 속에서 진정한 현명함이 드러난다 · 155

제4부
행복한 미래를 기대하라

27 함께하는 신앙이 성장한다 · 162 | 28 모두 다 하나님 안에 있음을 기억하라 · 166 | 29 닮아라, 그러면 하나님을 가까이 느낄 수 있다 · 172 | 30 예배하는 자가 일에서도 열매를 맺는다 · 178 | 31 하나님이 예비하신 영향력을 선별하라 · 183 | 32 다시 오심을 간절히 갈망하라 · 189 | 33 행복한 미래를 기대하라 · 195 | 34 때가 되면 기쁨은 온다 · 200

부흥은 깊은 밤을 지나 탄생한다 | 거듭남은 내적 증거를 동반한다 | 어떤 시련이 닥치더라도 믿음 안에 굳게 서라 | 본질은 '하나님 먼저'에서 출발한다 | 지켜 주시는 권능을 경험하라 | 위기의 순간일수록 주를 찾고, 섬기라 | 말과 혀로 말고 행함과 진실함으로 | 에로틱한 것과 영적인 것을 구별하라 | 마귀를 인식하되 두려워 말라

제1부
기도하는 삶

부흥은 깊은 밤을 지나 탄생한다

01

일부러 밤 시간에 기도하는 것이 아니라, 간절한 마음 상태가 그들을 기도하는 자리로 자연스럽게 인도하는 것이다. 그러므로 진정 그들의 부흥은 깊은 밤을 지남으로써 오게 된다.

"부흥이란, 깊은 밤이 지난 뒤에야 비로소 탄생한다."
이 격언이 꼭 들어맞지는 않을지 몰라도 무엇인가 대단히 중요한 점을 시사하고 있다고 생각한다. 혹여나 이 말을 '낮에 부흥을 달라고 기도 드리면 하나님께서 들어주시지 않는다' 라든가 '피곤하고 지쳐 있을 때 하는 기도가 편안하고 힘이 날 때 하는 기도보다 더 능력이 있다'라는 식으로 해석하지 않기를 바란다.

하나님께서 우리의 기도가 고행과 같기를 원하신다면 그분은 엄격한 분이어야 한다. 또한 기도를 통해 우리 스스로를 혹사하는 것을 보고 싶어 하시는 하나님이라면, 그 하나님은 필경 지독한 분임에 틀림없다. 그런데 복음적인 그리스도인 가운데는 지금도 간혹 이와 같은 고행이 옳다고 생각하는 사람들이 있다. 물론 그 같은 열심은 본받을 만하다. 하지만 그들 자신도 깨닫지 못하는 타락한 인간의 '가학적 성향'을 단지 하나님 탓으로 돌린다면 말은 달라질 수밖에 없다.

그럼에도 불구하고 '부흥이란 깊은 밤을 지나서야 탄생한다'는 생각에는 진리가 내포되어 있다. 왜냐하면 부흥이란(혹은 어떤 다른 영적 은사와 은혜도) 그것을 몹시 원하는 사람에게만 오기 때문이다. 어떤 사람이건 그가 원하는 만큼 경건해지고, 또 성령으로 충만케 될 수 있다. 물론 그가 원했던 만큼은 아닐 수도 있지만 틀림없이 그가 필요한 만큼은 충만할 것이다.

주께서는 "의에 주리고 목마른 자는 복이 있나니 저희가 배부를 것임이요"라는 말씀으로 이 사실을 분명히 하셨다. 주리고 목마른 것은 육신의 일로, 실제로 닥친다면 꽤 지독한 고통일 수밖에 없다. 한편, 하나님을 갈망하는 자들은 그들의 열망이 고통으로 느껴질 만큼 간절히 구했을 때 갑자기 그것이 채워지는 놀라운 경험을 하게 된다. 문제는 하나님께서 우리를 채우시도록 요청하는 데 있는 것이 아니다. 하나님께서 채워 주시기를 우리가 간절히 원하느냐 하는 것이다.

오늘날 대부분의 그리스도인들은 열정을 상실했다. 식어 버린 가슴을 안고 자신의 현재 상태에 그저 만족하며 살고 있다. 그래서 안타깝게도 성령께서 주시는 충만함을 가지고 과감히 도전하려는 '소원의 진공 상태'가 없다.

하지만 하나님을 갈망하는 사람들은 그들의 영적 열망이 너무나 크고 중요하기 때문에 스스로 자신들의 생애에서 하나님이 아닌 다른 모든 관심사들을 밀어낸다. 이들은 해마다, 달마다, 주마다 지역 교회에서 의례적으로 드리는 차갑고 안일하고 의례적인 대표 기도로는 결코 만족하지 못한다.

이들은 자신이 품은 갈망 때문에 때로는 떠밀려 다니기도 하고, 간혹 문제를 일으키기도 한다. 당황한 동료 그리스도인들이 말려 보기도 하지만, 그들은 책망을 받으면서도 더욱 크게 소리를 쳤던 소경처럼 더욱더 외칠 것이다. 그리고 만일 조건이 충족되지 않았다든지 또는 기도를 응답받는 데 장애물이 있다고 생각되면, 더 오래 기도할 것이다. 일부러 밤 시간에 기도하는 것이 아니라, 간절한 마음 상태가 그들을 기도하는 자리로 자연스럽게 인도하는 것이다. 그러므로 진정 그들의 부흥은 깊은 밤을 지남으로써 오게 된다.

한 가지 기억해 둘 것이 있다. 오랜 시간 기도하는 것이나 소리

높여 울고 부르짖는 것 자체가 가치 있지는 않다. 물론 이런 간절한 행위는 칭찬할 만하다. 그러나 모든 축복은 마치 샘물처럼 하나님의 선하심으로부터 흘러나온다는 것을 아는 것이 더 중요하다.

선한 일을 위한 상급들은-어떤 교사들은 이것을 지긋지긋하게 반복해서 말하면서 항상 은혜로만 받게 되는 유익과는 대조되는 것으로 이야기하는 경우도 있다-죄 용서 자체가 그렇듯이 그 기초를 분명히 은혜 위에 두어야 한다. 때문에 아무리 경건한 사도들이라 할지라도 자신은 무익한 종이라고 주장할 수밖에 없는 것이다. 천사들조차도 하나님의 선하심 때문에 존재하지 않는가. 이처럼 그 어떤 피조물도 자신의 노력으로 무엇을 얻었다고 말할 수는 없다. 모든 것은 오직 하나님의 선하심에 따라, 또한 선하심으로 인하여 온 것들이다.

줄리안(Julian) 여사가 이것을 다음과 같이 요약해서 썼다.

"좋으신 하나님께 신실하게 기도하고 그분의 은혜를 진정으로 이해하며 사랑 안에 굳게 서서 나아가는 것이, 우리가 생각해 낼 수 있는 모든 수단을 동원하여 어떤 것을 하는 것보다 하나님께 더욱 큰 영광이요, 더욱 큰 기쁨이다. 왜냐하면 만일 우리가 모든 방법들을 취하여 일을 한다 해도 그것은 너무나 작은 것이고 하나님께는 충분한 것이 되지 않기 때문이다. 그러나 그분의 선하심 속에는 모든 것이 들어 있고, 또한 거기에는 어떤 것에도 실패함이 없다. 하나님의 선하심은 최상의 기도이며, 우리의 가장 낮은 필요까지도 해결해 주시는 사랑이다."

우리에게 향하신 하나님의 이런 모든 선하심에도 불구하고 하나님은 우리의 욕망들이 하나님 한 분만으로 줄어들기를 원하신다. 스스로 우리의 육적 야심들을 다룰 수 있게 되어 우리의 육적 사자와 살모사를 스스로 밟아 버릴 때, 그리고 스스로를 사랑하는 용을 밟아 버리고 죄에 대하여 스스로를 완전히 죽은 자로 여길 때, 비로소 하나님은 우리를 새로운 생명으로 높여 주시고 복된 성령으로 채워 주실 것이다.

부흥의 교리와 승리하는 생활의 교리를 배우는 일은 쉽다. 그러나 우리가 십자가를 짊어진 채 어둡고 힘든, 스스로를 포기하는 언덕 위로 걸어 올라가는 일은 전혀 다른 것이다. 여러 사람들이 이 언덕으로 부르심을 받지만 실상 선택되는 자는 그리 많지 않다. 왜냐하면 약속의 땅으로 건너가려는 많은 사람들이 잠깐 동안 갈망하는 눈으로 강 저편을 바라보지만, 이내 되돌아서서 당장에 안전해 보이는 모래 위와 같은 옛 생활에 주저앉기 때문이다.

늦게까지 앉아서 기도한다고 모두 공로가 되는 것은 아니다. 그러나 평범을 넘어 비범에 이르려면 진지한 생각과 결단하는 마음이 반드시 필요하다. 그러나 안타깝게도 대부분의 그리스도인들은 이같이 행하지 않는다. 하지만 간절한 마음으로 꾸준히 기도하는 자들은 깊은 밤을 지나서야 특별한 체험에 도달한다는 사실을 몸소 깨닫게 될 것이다.

거듭남은
내적 증거를 동반한다
02

초대교인들은 그리스도인인지 확인하기 위해 그들 안에서부터 자연적인 빛이 뿜어져 나오는가를 살펴보았다. 그들은 내적 증거를 가지고 있었던 것이다. 때문에 큰 능력과 큰 은혜가 그들의 생애를 특징지었고, 그로 인해 예수님의 이름을 위해 고통받는 것을 즐거워하였다.

오늘날 그리스도인의 영적 체험의 질이 떨어지는 원인은, 내적 증거의 교리를 너무 가볍게 생각하기 때문이다.

신학적으로 내적 증거의 뜨거움을 차갑게 식혀 버린 지가 너무 오래되어 이 냉냉함을 녹이기 위해 발을 구르고 입김을 손에 호호 불어 보지만 도무지 풀릴 줄을 모른다. 이 같은 해묵은 신학적 차가움 때문에 복음적인 교사들조차도 증거(witness), 체험(experience), 감정(feeling)이라는 용어들을 의도적으로 회피하는 실정이다. 우리 대부분은 뜨뜻미지근한 상태에 있음에도 불구하고, 조심하지 않으면 자칫 위엄을 잃거나 일주일쯤 뒤에는 기도나 찬양 중에 울부짖는 열광주의자가 되지나 않을까 하는 두려움을 가지고 있다. 그러면서 우리의 감정에 측정기를 달아 놓고 분에 넘친 경건주의자가 되지 않도록 조심하고 또 조심하며, 그리스도의 이름에 해를 끼치지 않기 위해 세심한 주의를 기울인다.

오늘날 우리들은 신약성서의 교리들을 옹호하면서 우리 자신을 사도들의 직접적인 혈통이요, 초대교회의 합법적인 자손이라고 굳게 믿고 있다. 나는 사도 베드로가 쓴 것처럼 하나님의 집에 속한 자, 거룩한 나라의 선택 받은 백성이 되며 제사장직을 계승할 자들이 현재에도 있다고 믿는다. 그들은 곳곳의 교회마다 흩어져 있다. 그러나 때로는 그들이 교회와 성도들을 부끄럽게 하는 원인이 되기도 한다.

모든 복음주의자들을 사도의 후예라고 하는데, 이와 같은 견해는 우리 자신의 유익을 위해 너무 낙관적으로 가정하는 것이 아닌가 하는 생각이 든다. 이와 같이 믿는 것은 마치 예수님 당시에 서기관들과 바리새인들이 육체적으로 아브라함의 후손들이기 때문에 아브라함의 영적 후손이라고 주장했던 것과 비슷하다. 그들은 "우리는 아브라함의 씨다"라고 자랑하였다. 예수께서는 그 차이를 구별하시면서 이렇게 대답하셨다.

"나도 너희가 아브라함의 씨인 줄 안다. … 만일 너희가 아브라함의 자손이면 아브라함의 일들을 행하리라."

그 옛날 바리새인들과 서기관들처럼, 사도신경을 붙들고 있다고 해서 우리를 하나님의 자녀라고 생각한다면, 이는 대단히 잘못된 생각이다. 진정한 아브라함의 자녀는 육신의 자녀가 아님을 잘 알고 있지 않은가.

아브라함은 믿음의 아버지다. 믿음은 자연적 출생에 의해 전달되는 것이 아니다. 진정으로 오순절의 아들임이 증명되는 것은 사도신경이 아니라, 머리 위에 불의 혀처럼 갈라지는 영의 증거를 가진 자라야 한다.

초대교인들은 그리스도인인지 확인하기 위해 그들 안에서부터 자연적인 빛이 뿜어져 나오는가를 살펴보았다. 그들 마음속에서 태양이 떠올라, 빛을 비추고 뜨겁게 하는 데 자원이 따로 필요치 않았던 것이다. 즉, 그들은 내적 증거를 가지고 있었다. 때문에 큰 능력과 큰 은혜가 그들의 생애를 특징지었고, 그로 인해 예수님의 이름을 위해 고통받는 것을 즐거워하였다.

오늘날 대부분의 복음적 그리스도인들은 이와 같은 비춤이 없는 것이 분명하다. 우리의 낮은 영적 상태를 끌어올리기 위해 노력하는 교사들에게 열매가 없는 것은 자연적 기쁨이 생기는 현상, 즉 내적 증거를 그들 스스로가 거부하기 때문이다. 그들은 종교적 감정을 두려워한 나머지 "성령 자체가 증거한다"라든가 "하나님의 아들을 믿는 사람은 그 자신 속에 증거를 가지고 있다"라는 성경말씀을 교묘하게 돌려서 설명한다.

뿐만 아니라 우리는 이런 내적 증거를 본문으로부터 이끌어 낸 논리적 결론들로 대체시키고 있다. 예를 들어 예수님을 아직 영접하지 않는 사람에게 다음과 같은 질문과 대답으로 일관한다는 것이다.

"당신은 주가 당신을 받아 주셔서 하나님의 자녀로 삼아 주시기 원합니까?"

"네."

"그래요, 그러면 이것을 읽으세요. '내게로 오는 자를 나는 결단코 내어쫓지 아니하리라.' 당신은 이것을 믿습니까?"

"예."

"자, 만일 그가 당신을 내어쫓지 않는다면 어떻게 한다는 것입니까?"

"내 생각으로는 그가 나를 받아들인다는 것으로 여깁니다."

"아멘. 그가 지금 당신을 받아들였습니다. 당신은 그의 자녀입니다. 이제 이것을 다른 사람들에게 말하지 않겠습니까?"

이처럼 예수님을 영접하고 그분을 알아 가기를 구하던 그 사람은 어리둥절해하면서 억지 웃음을 강요당하고, 더 나아가 자신은 개종하여 그리스도를 믿게 되었노라고 증거하기에 이른다. 그는 진정으로 그리스도를 구했으나 잘못 인도받은 것이다. 다시 말해 그는 영적 논리의 희생양이 되어 버린 것이다. 그와 같은 확신은 위태로운 삼단 논법에 의존하고 있다. 거기에는 증거도 없고, 지식에 대한 절박함도 없고, 하나님과의 만남도 없고, 내적 변화의 깨달음도 없다.

하지만 하나님의 역사가 일어나는 영혼 안에는 언제든지 그에 상응하는 깨달음이 있게 마련이다. 이와 같은 하나님의 행하심은 너무나 뚜렷하다. 그것은 스스로가 증거가 되고 영적인 의식(意識)에 직접적으로 와 닿는 것이다. 즉 안에서 일어난 역사의 증거들이 외부에도 풍성하게 나타나는 것이다. 때문에 그 영혼은 참된 기쁨을 느낄 수 있다. 그러나 그러한 기쁨의 정도가 주의 구원하심에 대한 충분한 증거가 되지는 못한다. 이성으로 무엇을 판단하든 그 판단은 제약을 받게 마련이고, 또한 이성은 착오를 일으키기도 하기 때문이다. 대신 하나님께서는 모든 오차의 가능성을 배제시킬 방법으로 우리가 그분의 자녀라는 것을 확신할 때까지 오래 기다리신다. 즉 그것은 내적 증거를 통해서인 것이다.

찰스 웨슬리(Charles Wesley)가 쓴 승리의 찬송가 "일어나라 내 영혼아 일어나라"라는 찬송가에 이런 구절이 있다.

하나님의 영은 보혈에 응답하시며,

내가 하나님께로부터 났음을 말하여 준다.

　구원의 확신을 나타내는 이와 같은 가사는 논리적으로 말한다면 분명히 이단 같아 보일 것이다. 그러나 설혹 이단처럼 보일지라도 나는 구원의 확신을 노래하는 이 영광스런 기쁨에 기꺼이 참여할 것이다. 그리고 이러한 사람들을 더욱 크게 사용하실 하나님을 확신하며 그분을 찬양한다.

어떤 시련이 닥치더라도 믿음 안에 굳게 서라

03

한쪽 길은 소망 없이 홀로 고통당하는 길이라면, 다른 쪽 길은 잠깐 동안은 그리스도와 함께 고통을 당하겠지만 그 고통 중에도 주의 위로와 내적 지원을 힘입어 환란조차도 즐거워할 수 있는 기쁨의 길이 될 것이다.

"저희가 사도의 가르침을 받아 서로 교제하며 떡을 떼며 기도하기를 전혀 힘쓰니라"(행 2:42).

누가는 오순절 날 베드로의 설교를 듣고 세례를 받은 수천 명의 사람들에 대해 위와 같이 말했다. 이들에게 개종은 종착지가 아니라 여행의 시작이었다. 그러나 우리는 성경이 강조하는 이 점을 달리 받아들이고 있다.

오늘날은 모든 것이 처음 믿은 행위에 의존해서 신앙이 진행되도록 만들어져 있다. 그래서 한순간 그리스도에 대한 결정을 내리고 나면, 그 다음은 모든 것이 자동적으로 진행된다. 굳이 말로 이렇게 가르치고 있지는 않지만, 전도 설교에 성경적 강조점을 잘못 둠으로써 이러한 인상을 무의식적으로 계속 주고 있다. 사람들이 그리스도인의 생활에 관하여 이러한 편향된 견해를 가지게 된 데는 복음주의적 교회에 속해 있는 우리들 모두에게 책임이 있다. 이처럼 가장 기본이 되는 기초 돌들이 균형을 잃어 가다 보니, 하나님의 성전이 위험스럽게 기울어져 가고 있고, 서둘러 바로잡지 않으면 금방이라도 무너져 버릴 상황에 봉착하고 말았다.

결국 회심자들을 만들어야겠다는 우리늘의 열심이 청중들로 하여금 그들이 믿기만 하면 자신의 모든 책임을 단번에 다 할 수 있을 것이라고 느끼게 만드는 잘못을 범한 것이다. 이렇게 하여 청중들은 모호하게 하나님의 은혜에 경의를 표하고 하나님께 영광을 돌린다고 믿고 있으나, 사실은 이렇게 함으로써 예수 그리스도를 성경에서 근거를 찾을 수 없는 기괴하고 무익한 조직의 창시자가 되게 하는 결과를 초래했다.

그러나 사도행전에서 말하는 믿음이란 어떤 신자에게나 시작이지 끝이 아니었다. 즉 믿음은 여행의 시작이지 주의 승리의 날을 누워서 기다릴 수 있는 침대가 아니라는 말이다. 결국 믿는다는 것은 단번에 되는 행위가 아닌, 행위 그 이상의 것이었다. 믿음은 사람으로 하여금 영감을 받아 자신의 십자가를 지게 하고, 주가 어느 곳으로 가시든지 따라갈 수 있도록 만들어 주는 마음의 태도를 말하는 것이며, 생각의 태도를 말하는 것이다.

누가는 사도행전 2장 42절에서 이것을 "계속하였다"(continued, 한글 개역 성경에는 '힘쓰니라'로 번역함-역자주)라고 말했는데, 그들이 자신의 믿음을 확증시킬 수 있었던 방법이 '계속하는' 길밖에 다른 길이 없었다는 것이 분명하지 않은가? 그들은 어느 날 예수님을 믿었고, 세례를 받았고, 믿는 무리에 속하게 되었다. 이것은 대단히 좋은 일이었다.

그러나 내일은 어떤가? 그 다음날은? 그 다음 주간은? 그들이 그리스도인이 된 것이 확실하다는 것을 누가 어떻게 알 수 있는가? 때로 그들은 억지로 개종을 강요받았다는 비난을 받기도 했는데, 어떻게 그 비난을 떨쳐 버리고 살아갈 수 있었는가? 또 군중들이 지켜보는 가운데 종교적인 흥분으로 인해 심리적으로 위축되어 버렸다는 비난을 그들은 어떻게 이기고 살 수 있었을까? 분명히 길은 하나밖에 없었다. 그들은 그것들을 계속했다.

계속하였을 뿐 아니라 '굳세게'(Steadfastly, 한글 개역 성경에는 '전혀'로 번역함-역자주) 계속하였다. 누가가 이런 단어를 쓴 것은, 그들이 극심한 반대에 부딪히면서도 거기에 굴하지 않고 계속 힘썼음을 말하기 위해서다. '굳세다'라는 말은, 정신적으로 혹은 육체적으로 공격을 당할 때 사용하는 말이다. 이처럼 초기 그리스도인들의 이야기는 어떤 시련 속에서도 믿음 안에 굳게 서 있던 '믿음의 이야기'들이다.

여기서 다시 한 번 성경적인 기독교 신앙과 오늘날 우리나라 복음주의자들이 말하는 기독교 신앙 사이의 확연한 차이를 볼 수 있다. 어떤 나라에서는 그리스도인들이 고통스런 핍박을 당하면서도 생명을 아까워하지 않고 오직 그리스도 안에서 승리할 것을 소망하고 있다는 이야기를 듣게 된다. 나는 이들에게 진심으로 찬사를 보낸다. 그처럼 고난당하는 그리스도인들에게 나는 더 이상 할 말이 없다. 다만 여기, 복음주의 진영에 있는 수많은 종교적 허약자들에게 말하고 싶다.

회심사들을 만들기 위해 어려운 점들은 뒤로 숨기고, 마음의 평화나 그리스도를 받아들인 이가 누리는 세상적인 성공만을 부각시키는 경향이 있다. 또한 기독교 신앙이 현재를 살아가기에 가장 알맞고, 동경할 만하며, 예수 그리스도가 정치적·경제적 거물들이나 할리우드의 세트처럼 대단히 대중적이라고 확신시키고 있다.

그러다 보니 지옥에 가야 마땅할 죄인들이 이런 확신을 갖고, 그리스도께 무언가를 얻기 위해 그분을 영접하거나 떼를 지어 교회에 나오는 일이 벌어지고 있다. 비록 어떤 이는 신실함의 증거가 되는 눈물을 흘리기도 하지만, 대부분은 마치 젊은 부부가 훗

날 늙은 삼촌의 유산을 받으려고 귀찮지만 아첨을 하는 것과 마찬가지로 영광스런 주에게 나오는 슬픈 상황이 벌어지고 말았다.

그들에게 "당신은 도덕적으로 부패한 종족의 일원으로서 큰 혼란에 빠져 있으며, 그곳에서 쉽사리 빠져나올 수 없다"는 진리를 솔직하게 말해 주기 전까지는 우리도 청중 앞에서 정직하게 설 수 없다. 만일 당신이 솔직하게 전한 그 말에도 그들이 회개하지 않고 그리스도 믿기를 거부한다면 분명 그들은 멸망하고 말 것이다. 반대로 그들이 만일 그리스도께로 돌아선다면 주를 십자가에 못박았던 그 원수들이 그들 또한 십자가에 못박으려 하는 것을 보게 될 것이다. 한쪽 길은 소망 없이 홀로 고통당하는 길이라면, 다른 쪽 길은 잠깐 동안은 그리스도와 함께 고통을 당하겠지만 그 고통 중에도 주의 위로와 내적 지원을 힘입어 환란조차도 즐거워할 수 있는 기쁨의 길이 될 것이다.

초대교회 신자들은 모든 것을 포기해야 할지도 모르는 이러한 상황과 현실을 충분히 알면서도 예수 그리스도께로 돌아섰다. 즉 그들은 예수님을 영접하는 순간부터 생명과 자유를 위협받는 '미움 받는 소수 집단의 일원'이 된다는 것을 확실히 인지하고 있었던 것이다. 때문에 이것은 무의미한 번성이 아니었다. 오순절 이후 며칠이 못 되어 몇 사람은 옥에 갇혔고, 어떤 이들은 공개적으로 죽임을 당했으며, 수많은 사람들이 재산을 빼앗겼는가 하면, 더 많은 사람들이 외국으로 흩어지는 환란을 겪었기 때문이다. 그들이 예수 그리스도를 믿는 믿음을 부인하기만 했어도 이러한 모든 핍박을 피할 수 있었을 것이다. 그러나 그들은 그리스도 편에 굳게 서서 계속해서 믿음을 확증하며 나아갔다.

  오늘날의 복음주의적 기독교 신앙과 초대 기독교를 비교해 보면 서로 동일하다고 말할 수 있을까? 의문이 생길 수밖에 없다.

본질은 '하나님 먼저'에서 출발한다
04

그 어떤 간청보다도 하나님의 이름을 먼저 높여 드려야 한다. 하나님의 영광은 현재뿐 아니라 영원토록 그리스도인들의 시작점이 되어야 한다. 이것 말고 그 이외의 시점에서 출발하는 것은 결코 신약성경의 기독교 신앙이 아니다.

인류학은 인간의 과거와 원시적인 시발점 등을 조사하여 인간을 이해하려는 학문이고, 심리학은 인간의 심리를 파악해서 인간을 이해하려는 학문이다. 그런가 하면 철학은 과거나 현재를 불문하고 인간의 내·외적 생활에 관련된 정보는 무엇이나 모아들이는 것으로, 역사가나 과학자에게서 정보를 자유롭게 빌려 이것에 근거하여 인간의 본질을 추리하는 학문이다.

'인간이란 무엇인가?'에 대한 해답을 얻기 위해 사람들을 직접 분석하고 평가하고 측정하기도 한다. 이 해답을 얻기 위해 두개골 모양, 뼈의 구조, 민속, 습관, 관습, 식생활, 미신적 행위, 종교, 사회 체제, 민간 기구, 금기(taboo), 구성원들의 상호 작용, 정서 등 수많은 요소들을 조사해 왔다. 물론 인간 행위를 넓은 범위로 오랜 기간 관찰하여 '인간이 무엇인가'에 대한 과학적인 결정을 내리자는 의도에서다. 그러나 방법이 잘못되었기에 그 결론도 잘못 나올 수밖에 없다.

단순히 초자연주의 대 자연주의라는 해묵은 질문을 다시 꺼내고 있다는 걸 나도 잘 알고 있다. 이 질문은 수세기 동안 토론해 왔으나 확실한 열매를 얻지 못했고, 또 각 세대마다 해결을 보지 못한 채 남겨진 문제라는 것도 잘 안다. 아마 내가 철학사였나면 인생에 대한 열쇠를 탐구하는 이 일에 적당히 가담했을 것이다.

그러나 신약성경의 진리를 확신하고 그리스도께 온전히 내맡긴 자로서 나는 그 질문의 해답을 찾기 위해 안타까워하며 발을 동동 구를 필요가 없다. 그 해답은 성경이 확정적으로 또한 기쁨에 차서 선언하고 있기 때문이다. 즉 하나님께서 그분의 형상대로 사람을 만드셨는데, 육신의 몸으로는 땅에 가깝게, 영으로는 하늘에 가깝게 사람을 만드셨다고 말한다. 이 영은 하나님께로부터 와서 하나님께로 다시 돌아갈 것이다(전 12:7).

결국 인간의 육체에는 사람됨의 진정한 본질에 관한 열쇠가 없음을 알 수 있다. 그 열쇠는 인간의 영(spirit) 속에서 발견할 수 있는데, 영, 즉 신(神)은 신학자들이 타락이라고 부르는 엄청난 도덕적 파멸로 인해 하나님으로부터 멀리 떨어져 나갔다. 하지만 그럼에도 예수 그리스도 속에 있는 구속을 통하여 교정이 가능하며, 하나님께로 완전히 회복될 수 있는 것이다.

인간에 대해 바로 알기 위해서는 하나님에서 시작해야 한다. 수많은 현대 그리스도인들은 여러 형태의 인본주의나 합리주의와 같은 세속적 학문의 영향을 받고 있다. 자신들에게 동의하지 않는 세상 사람들에게 '초월주의자', '절대주의자', '초자연주의자' 라는 등의 달갑지 않은 별명으로 낙인찍힐까 두려워하며 자기들의 생각을 말하지 않는다.

나는 그런 명칭들이 두렵지 않다. 두렵기는커녕 그런 낙인들을 통해 하나님께 영광을 돌릴 것이다. 물론 많은 시대를 거치면서 그 명칭들에 첨가된 어두운 면까지 받아들이겠다는 뜻은 결코 아니다. 그러나 그 명칭들이 내가 기독교적 계시에서 발견한 뜻들을 모두 표현해 주는 경우라면 나는 기꺼이 그 이름들을 받아들일 것이다.

그리스도인들이 '초월주의자'라는 말을 꺼리지 않아도 되는 이유는, 거룩한 믿음의 뿌리에는 초월적인 세계, 자연을 넘는 세계, 물질과 시간과 공간을 초월하는 세계, 과학은 감히 감지할 수도 없는 세계, 그리고 이성으로는 감히 들어갈 수조차 없어 다만 그

문 앞에서 경건하게 무릎을 꿇고 경탄할 수밖에 없는 세계가 신앙 안에 있기 때문이다.

또한 '초자연주의자'라는 말에 움츠러들 필요도 없다. 왜냐하면 그것이 기독교 신조에서 중요한 교의를 정확하게 서술해 주고 있기 때문이다. 초자연주의자는 우리의 종말을 계획하시는 하나님이 계시다는 사실을 믿는 사람이다. 그래서 그가 붙들고 있는 자연 자체는 별로 중요하지 않다. 자연은 반드시 자연을 창조하시고 그 안에 질서와 생명을 허락하신, 눈에 보이지는 않지만 분명히 임재하고 계시는 그분을 향하여 겸손하게 경배를 드린다. 초자연주의자는 이것을 믿는다. 그리고 이것을 완전하게 믿지 않는 사람들을 팥죽 한 그릇에 장자권을 팔아 버린 에서처럼 '끝장난 얼간이'로 생각한다.

또한 '절대주의자'라는 용어가 가르침을 잘 받은 그리스도인을 부끄럽게 하거나 변명하게 만들어서도 안 될 것이다. 설혹 이런 조롱을 받더라도 평온을 잃지 말아야 한다. 그는 원수들이 좋아하는 두 가지 큰 교리, 즉 도덕의 상대성과 신앙의 실용성을 받아들이지 않았기 때문에 원수들이 화가 나 있다는 것을 잘 알고 있다. 뿐만 아니라 그는 하나님은 스스로 계시는 분으로서 온 세상에 충만하시고 영원하시고 무한하시며 장엄하시고 절대적이시라는 성경의 가르침을 온전히 신뢰하는 사람이다. 그는 절대적으로 거룩하시고 절대적으로 지혜로우신 하나님께 모든 영광을 돌린다. 즉 하나님은 외부적인 것들에 절대 영향을 받지 않으시며, 모든 것들의 전부가 되심을 의심하지 않는다. 만일 이러한 믿음 때문에 '절대주의자'라는 낙인이 찍히게 된다면 그는 이것으로 인해 오히려 더 감사하게 될 것이다. 그는 자신이 무엇을 믿고 있는지를 확실히 알고 있기에 그 어떤 말에도 놀라지 않는 것이다.

  오늘날 그리스도인들이 전도할 때 범하는 잘못 가운데 하나가 인본주의적으로 접근한다는 점이다. 그렇다 보니 전도를 초자연적인 것이 되게 하려고 아무리 애를 써도 결국 실패하고 마는 것이다. 솔직히 오늘날의 전도는 영웅 숭배, 거대한 부와 호사스러운 겉치레 때문에 크고 소란스럽고 공격적인 세계에 매료되어 있다. 세상적인 영광을 사모해 왔으나 그것을 얻지 못하여 낙심하는 수백만 사람들에게 오늘날의 전도는 빠르고 손쉬운 길을 보여 준다. 그래서 마음의 평안, 행복, 번영, 사회적 용납, 명성, 스포츠계, 경제계, 연예계, 때로는 명사들과의 연회 등 지상에서 누릴 수 있는 모든 것을 주고, 한 가지 더 마지막 날엔 하나님 나라를 덤으로 준다는 것이다. 아무리 크고 혜택이 많은 보험회사라 하더라도 이 절반조차 제공하지 못할 조건들이다.

  이처럼 유사 기독교 조직은 그의 아들을 영접하는 자에게 마치 하나님께서 '알라딘의 램프'를 하나씩 안겨 준다는 식으로 전도를 이야기하고 있다. 이 경우 죄인이 해야 할 의무는 그가 그리스도를 영접하는 그 순간 다 이루어진다. 때문에 영접한 이후에는 세상이 제공하는 모든 것들을 종교적인 이름으로 받아서 최대한 즐기기만 하면 된다. 그리스도를 영접하지 않은 사람들은 이 세상으로 만족해야 하지만, 소위 그리스도인들은 장차 오게 될 것과 더불어 보너스로 던져 주는 세상 것들도 모두 얻는다는 것이다.

오늘날 수많은 종교지도자들이 해석하는 기독교 메시지도 이와 별반 다르지 않다. 이처럼 진리에 관해서 철저하게 몰이해한 점이 오늘날 전도 활동의 배경이 되고 있다는 것은 참으로 통탄할 일이다. 그럼에도 이러한 관점이 중심이 되어 전도 방향을 정하고, 프로그램을 짜며, 또한 그것이 설교 내용과 개교회의 질을 결정한다. 더 나아가 전 교단의 질까지도 결정하는 형국이다. 뿐만 아니라 저술의 형식을 결정하고, 수많은 복음주의적 출판물의 편집 정책까지 영향을 미친다.

하지만 기독교에 관한 이러한 개념은 근본적으로 잘못된 것이다. 더구나 이것이 인간의 영혼에까지 닿아 있기 때문에 매우 위험하다. 어떤 경우는 지독하게 틀릴 수도 있다. 그 밑바닥을 보면 그것은 기독교 신앙에 전통적인 존경심을 주려고 하는 나약한 기독교와 연결된 나약한 인도주의보다 조금 나은 정도에 지나지 않는다. 그러한 개념은 기독교의 종교적 접근과 동일시할 수 있는데, 이러한 시도는 언제나 인간과 그의 필요에서 시작하여 그것이 해결되었을 때 비로소 하나님을 향해 주위를 돌아보는 것이다. 그러나 진정한 기독교는, 인간을 그들의 야망에서 구출하시기 위해 찾고 계시는 하나님을 드러내 보여 주는 것에서 시작한다.

이처럼 언제나 하나님이 먼저여야 한다. 성경 속에 있는 복음은 하나님의 영광을 처음에 두었고, 인간의 구원은 다음에 두었다. 하늘의 천사들은 "지극히 높은 곳에서는 하나님께 영광이요 땅에서는 기뻐하심을 입은 사람들 중에 평화로다"(눅 2:14)라고 노래했다. 이것은 마치 주기도문이 "하늘에 계신 우리 아버지여, 이름이 거룩히 여김을 받으시오며"라고 시작하는 것과 같이 하나님의 영광과 인간의 축복을 순차적으로 배열한 것이다. 그 어떤 간청보다도 하나님의 이름을 먼저 높여 드려야 한다. 하나님의 영광은 현재뿐 아니라 영원토록 그리스도인들이 시작점이 되어야 한다. 이것 말고 그 이외의 시점에서 출발하는 것은 결코 신약성경의 기독교 신앙이 아니다.

지켜 주시는 권능을 경험하라
05

영원하신 하나님의 끝없는 권능이 우리 주위에서 우리를 감싸 주고 있으며, 장차 나타날 구원에 이르기까지 우리를 지켜 줄 것이다. 끝까지 하나님을 신뢰함으로 그분을 바라보자.

"하나님이 한두 번 하신 말씀을 내가 들었나니 권능은 하나님께 속하였다 하셨도다"(시 62:11).

기계 문명의 시대를 사는 우리에게는 '권능이 하나님을 떠나서는 없다'는 말을 기억한다는 것이 쉽지만은 않을 것이다. 육체적이든 지적이든 그리고 도덕적이든 영적이든 간에 권능은 하나님 안에 있고, 하나님께로부터 흘러나오며, 다시 그분에게로 돌아간다. 창조를 통하여 역사하신 그분의 권능은 원자 속에서 역사하든 은하계 속에서 역사하든 오직 하나님께만 속한다. 때문에 권능이라는 것을 하나님과 분리시켜 하나님과는 별도로 역사하는 것으로 생각하는 것은 옳지 않다. 자연의 권능은 우주 속에 있는 하나님의 임재하심을 나타내기 때문이다.

욥기, 잠언, 시편, 예언서 등에는 이러한 사상이 그대로 배어 있다. 또한 신약성경에 있는 요한과 바울의 서신들에도 이러한 구약성경의 교리와 조화를 이룬다. 특히 히브리서에는 '그리스도가 그의 능력의 말씀으로 만물을 붙들고 있다'고 말한다.

우리는 하나님의 능력을 폭풍이나 벼락 등과 같은 이미지로 생각하는 경우가 있는데, 이것은 성경을 가르치는 교사들이 능력에 해당하는 헬라어 두나미스(dunamis)가 영어의 다이나마이트(dynamite)의 어근이라는 사실을 계속 강조함으로써 생겨난 이미지다. 때문에 민감한 그리스도인들이 이러한 파괴적이고 예측할 수 없는 힘과 접촉하기를 주저하는 것은 오히려 이상할 게 없는 일이 되어 버렸다.

그러나 하나님은 하나로 통일되어 있는 삼위일체(Trinity)시다. 이처럼 하나님이 나뉘어 있지 않은 일체(一體)라는 진리는 이스라엘에게 계시되었던 것으로, 기독교 교회에서도 동일하게 받아들이고 있다. 하나님이 일체라는 교리는 하나님이 한 분이실 뿐만 아니라, 삼위의 인격을 가지고 계신 하나님이 친히 단일체로 존재하신다는 뜻이다. 파버(Faber)는 이 진리를 다음과 같은 말로 찬양하였다.

깊이를 측량할 수 없는 바다!
모든 생명이 당신으로부터 오며,
당신의 생명은 복되신 일체이나이다.

모든 것들이 당신에게서 나오고,
당신이 모든 일들을 행하시며,
하나 되신 영광 속에서 행하셨나이다.

당신은 하나이시며,
언제나 홀로 행하실 수 있으며,
행하고 계시며,
행해 오셨나이다.

이렇듯 하나님의 능력, 즉 권능이란 하나님이 가지신 어떤 것이 아닌 바로 그분 자체다. 지혜와 사랑이 하나님의 진정한 일면(一面)인 것처럼 권능도 하나님의 진정한 일면이나. 다시 말해 권능은 그분의 존재 일면이기 때문에 하나님께로부터 따로 구별해 낼 수 없는 것이다. 그럼에도 사람들은 하나님의 권능을 맹목적으로 또는 우발적으로 작용하는 어떤 것이라고 생각하는 경향이 있는데 이는 물질주의적인 개념에 희생되어 버린 결과라 할 수 있다. 그것은 하나님의 권능을, 지혜나 사랑이나 선 같은 하나님의 인격적 속성을 따로 분리할 수 있다고 말하는 것과 같다. 또한 그것은 무한하고 방향성도 없는 에너지, 즉 존재할 수도 없고 존재하지도 않는 그 어떤 것을 상상하는 것과 같다.

하나님의 권능은 하나님의 뜻이 담긴 권능이기에 하나님께서 뜻하실 때에만 역사한다. 또한 그 권능은 하나님의 사랑과 선을 내포하고 있다. 때문에 하나님의 권능은 그것을 행하고 계시는 거룩하신 하나님 자체를 말한다.

하나님은 영이시고 하나님의 우주도 근본적으로는 영적인 것이다. 계시보다 훨씬 뒤처져서 따라오는 과학조차도 이제는 물질이라는 것이 옛날에 상상했던 것처럼 견고하고 틈이 없는 것이 아님을 안다. 때로 과학자들은 기존에 가지고 있는 자신들의 확신을 바꾸길 거부하며, 그 확신들을 가지고 기독교 진리를 확증하는 데 인용하는 것을 또한 원치 않는다. 그러나 모든 피조물의 근원이 되고, 피조물을 지탱해 주는 것은 '영원한 말씀'이라는 성경적 개념과 물질에 관한 원자론 사이에 놀라울 정도로 유사성이 있음을 지적하고 싶다. 그렇다면 어떤 신비주의자들이 주장하는 것처럼 하늘과 땅에 있는 모든(보이는 것과 보이지 않는) 것들이 하나님의 권능의 발현이라는 것이 가능한 말인가?

하나님의 존재 자체를 우리가 어떻게 생각하든 그분은 무한하신 하나님이시다. 모든 권능이 하나님 안에 있고 어느 곳에서 역사하든 다 하나님의 것이다. 악한 일을 행하게 하는 능력조차도 처음에는 하나님께로부터 오지 않으면 안 된다. 왜냐하면 능력이 올 수 있는 다른 근원은 없기 때문이다. 아침의 아들 루시퍼가 스스로 가장 높으신 분을 대적하여 자신을 높였을 때에도 그가 가진 능력은 하나님으로부터 받은 것이었다. 단지 루시퍼는 그 능력을 잘못 사용하여 마귀가 되었을 뿐이다.

물론 이런 가르침 뒤에는 대단히 난해한 질문이 따라온다는 것을 안다. 그러나 설혹 그렇더라도 결코 뒤로 물러나서는 안 된다. 다른 방법으로는 그분의 능력을 설명할 수 없기 때문이다. 만약 이러한 질문을 회피하기 위해 참된 신리를 벌리한다면 나중에는 더 크고 힘든 질문에 맞닥뜨리게 될 것이며, 그 가운데 가장 최악은 하나님을 나약한 하나님으로 전락시킬 수 있다는 것이다. 이것이야말로 최고의 모욕이다.

죄로 인해 우리는 하나님과 우주를 생각하는 데 있어 많은 혼란을 겪게 되며, 여러 가지 일에 대한 판단을 보류할 수밖에 없는 상황에 처하기도 한다. 이에 대해 바울은 데살로니가후서 2장 7절에서 '불법의 비밀'에 관해 말하고 있다. 우리도 그의 영감 받은 말을 통해서 이것만이 죄의 문제에 대한 현재 유일하게 가능한 해답임을 받아들인다. 지혜 있는 사람이라면 우리가 이해할 수 없는 것들은 우리의 구원과는 상관이 없는 문제들임을 알 것이다. 우리는 우리에게 비춰진 진리에 의해 구원을 받는다.

진정한 그리스도인이라면 이것을 알 수 있을 것이다. 영원하신 하나님의 끝없는 권능이 우리 주위에서 우리를 감싸 주고 있으며, 장차 나타날 구원에 이르기까지 우리를 지켜 줄 것이다. 끝까지 하나님을 신뢰함으로 그분을 바라보자. 그리고 "그 능력이 그리스도 안에서 역사하사 죽은 자들 가운데서 다시 살리시고 하늘에서 자기의 오른편에 앉히사"(엡 1:20)라고 하신 말씀의 역사를 기대하자.

위기의 순간일수록
주를 찾고, 섬기라

―
06

 멸망하는 사람들을 구출할 수 있는 유일한 대안은 그리스도인뿐이다.

인간의 타락이 끝없는 위기를 낳았다. 이것은 죄가 도말될 때까지 그리고 그리스도께서 구속된 세계, 회복된 세계를 통치하시게 될 때까지 계속될 것이다. 그 전까지 지구는 재앙의 땅으로, 인간들은 극심한 위기 상황에 있게 될 것이다.

정치가들과 경제학자들은 '정상 상태'로 회복할 수 있다고 희망적으로 이야기하고 있으나, "여자가 그 나무를 본즉 먹음직도 하고 보암직도 하고 지혜롭게 할 만큼 탐스럽기도 한 나무인지라

여자가 그 실과를 따먹고 자기와 함께한 남편에게도 주매 그도 먹은지라"(창 3:6)라고 한 이후로는 모든 상태가 정상이 아니었다.

단순히 도덕적 위기 상황에서 살고 있다고 말하는 것만으로는 충분하지 못하다. 물론 그것도 사실이지만 그것이 전부는 아니기 때문이다. 예를 들면 전쟁이란 국제 관계에서의 위기나 국가 간의 평화가 깨어진 것 등으로 말할 수 있지만, 이런 말 속에 언급되어 있지 않은 부분이 더 많음을 주목해야 한다.

국가 간의 관계가 깨어짐에 따라 광범한 파멸, 사람들의 죽음, 가정 파괴, 표현할 수 없는 정신적·육체적 고통, 뒤죽박죽된 재산, 배고픔, 질병, 또한 여기에서 생겨나는 수백 수천 가지 비극들이 수많은 사람들에게 영향을 끼친다.

이처럼 인간이 타락한 사건도 하나의 도덕적 위기였으나 이것은 도덕뿐 아니라 인간의 성품, 지성, 심리, 정신, 육체 등 인간의 모든 부분에 영향을 끼쳤다. 즉 인간의 전(全) 존재가 큰 상처를 입게 된 것이다. 인간의 마음속에 있는 죄가 하나님과의 관계, 동료와의 관계, 다른 모든 이들과의 관계, 나아가 그가 접촉하는 모든 것들에 영향을 끼치게 되었다.

더욱이 처음 창조되었던 자연, 지구, 심지어 천문학적 우주까지도 모두 다 인간이 지은 죄의 충격으로 인하여 나쁜 영향을 받게 되었다고 성경은 이야기한다.

주 하나님께서 죄 지은 인간을 에덴 동산에서 쫓아내신 뒤 불붙은 화염검을 그룹들에게 주시며 인간이 다시 돌아오지 못하도록 막게 하시면서부터 재앙은 쌓이기 시작했다. 결국 인간의 역사란 이 재앙의 발전 기록에 지나지 않는 것이다.

인류 최초의 부모인 아담과 하와가 하나님 앞에서 달아났을 때 그들이 땅 위에서 방랑자가 되었다는 말은 정확한 표현이 아니다. 또한 그들이 자신들을 창조해 주신 하나님을 배반하였을 때 하나님의 사랑과 돌봄에서 완전히 끝장났다고 말하는 것 또한 정확하지 못한 표현이다. 하나님은 자신의 형상을 따라 지은 피조물을 결코 버리신 적이 없다. 만약 인간이 죄를 범하지 않았더라면 하나님께서는 그분의 임재하심으로 인간을 돌보아 주셨을 것이다. 그러나 이제 다시 구속되고 다시 태어난 그의 백성들이 하나님의 얼굴을 다시 바라볼 수 있을 때까지 그분은 세상을 주관하심으로 그들을 돌보아 주신다(계 21:3, 22:4).

인간은 잃어버린 존재가 되었을 뿐 버려진 존재는 아니다. 성경이 가르치는 것도 이것이고, 교회가 선포해야 할 것도 바로 이것이다. 눈보라 속에서 길을 잃은 여행자는 자신이 지금 길을 잃고 헤매고 있다는 사실을 잘 안다. 그때 그를 절망에 빠지지 않도록 붙잡아 주는 것은 구조대가 자신을 찾고 있으리라는 확신이다. 그 친구들이 알맞은 시간에 도착하지 못할지도 모르지만, 이러한 희망 때문에 배고픔과 추위와 충격으로 인해 죽을 것만 같은 순간에도 살아남을 수 있는 것이다.

가령 홍수나 화재가 많은 사람들이 사는 농촌 지역을 강타했다고 하자, 그러면 움직일 수 있는 건강한 사람치고 자기가 할 수 있는 한 많은 사람을 구하기 전까지는 쉬어야겠다고 생각하는 사람은 없을 것이다. 농장이나 마을에 죽음이 휘몰아치는 그 순간에는 감히 누구도 쉴 엄두를 내지 못한다. 대부분이 다 이와 같을 것이다. 어떤 이들에게 닥친 중대한 위기는, 높은 정부 관리는 물론 지역의 자원봉사자에 이르기까지 모든 사람의 위기가 된다. 홍수가 나거나 불길이 치솟고 있는 한 그때는 '정상적인 때'라고 할 수 없다. 이처럼 무력한 인간들이 파멸의 길에서 움츠리고 있는 한 그때는 정상적인 때가 아니다.

엄청난 위기의 순간에는 정상적인 방법으로는 도저히 불가능한데, 전 세계가 지금 그와 같은 위기에 직면해 있다. 멸망하는 사람들을 구출할 수 있는 유일한 대안은 그리스도인뿐이다. 우리는 이러한 현실을 부정하고 마치 모든 것이 정상적인 것처럼 가정하고 안주하며 살려고 해서는 안된다. 죄와 탐욕과 사망이 우는 사자와 같이 두루 다니며 이 사람 저 사람을 파멸시켜 나가는 한 지금은 절대 정상적인 상황이 아니다.

때문에 나는 위기 가운데 살면서도 마치 위기가 전혀 없는 것처럼 살아가는 복음주의적 그리스도인들을 도무지 이해할 수가 없다. 그들은 말로는 주를 섬긴다고는 하지만 내가 보기에 그들은 세상의 즐거움에도 충분한 시간을 할애하면서 살아간다. 세상이 불타고 있는 동안에도 그들은 편안하게 자신의 인생을 위해 삶을 누리고 있는 것이다. 당신이 만일 그들에게 조금이라도 압력을 가한다면 그들은 성경 구절을 하나하나 인용해 가면서 자신들의 행동을 정당화시키려 할 것이다. 하지만 슬프게도 나는 그들을 바라볼 때 이들이 인간의 타락을 실제로 믿고 있는 그리스도인들인지 의문이 생긴다.

말과 혀로 말고
행함과 진실함으로

07

그리스도인들이 예수님을 영접한 후에도 여전히 이 땅에 남겨진 이유는 증인의 삶을 살기 위해서다. 즉 숨이 붙어 있는 동안, 사람들에게는 하나님에 관하여, 하나님께는 사람들에 관하여 말하기 위해 이 땅에 남겨진 것이다.

행동하는 것 이상으로 더 좋게 말하지는 못하도록 우리가 창조되었다면 얼마나 좋을까? 하지만 현실은 다르다. 우리의 행함과 말은 마치 서로 아무 관련도 없는 것처럼 보인다. 바로 여기에 신앙생활의 가장 치명적인 맹점이 있다. 오늘날 그리스도인들은 말은 긴데 반해 행함은 아주 짧다. 대단히 능력 있는 언어를 짐짓 자랑처럼 사용하지만 실제 우리의 행위는 나약하기 그지없다.

그러나 주와 사도들의 행함은 참으로 길었다. 복음서들은 능력으로 행한 인자(人子), 즉 "하나님이 나사렛 예수에게 성령과 능력을 기름 붓듯 하셨으매 저가 두루 다니시며 착한 일을 행하시고 마귀에게 눌린 모든 자를 고치셨으니 이는 하나님이 함께하셨음이라"(행 10:38)고 묘사한 예수님을 이야기하고 있다. 이처럼 그리스도의 생활과 가르침에는 말과 행위 사이의 도덕적 관계가 분명하게 나타나 있다. 그분은 말씀하시기 전에 행하셨고, 나아가 이 행함이 그분이 말씀하는 것에 대한 확실성을 뒷받침해 주었다.

누가도 사도행전을 기록할 때 가장 먼저 "예수의 행하시며 가르치기를 시작하심부터"(행 1:1)라는 말로 기록의 실타래를 풀고 있다. 여기 나타난 순서는 절대 우연이 아니다. 그리스도께서는 산상수훈에서도 행함을 가르침보다 먼저 말씀하셨다.

"그러므로 누구든지 이 계명 중에 지극히 작은 것 하나라도 버리고, 또 그같이 사람을 가르치는 자는 천국에서 지극히 작다 일컬음을 받을 것이요 누구든지 이를 행하며 가르치는 자는 천국에서 크다 일컬음을 받으리라"(마 5:19).

신앙이라는 것이 어떤 면에서는 눈에 보이지 않는 것을 믿는 것이기 때문에, 비현실적인 것으로 오해하는 경우가 종종 있다. 기도하는 사람은 자신이 직접 보지 못한 것이라 하더라도 그것에 관하여 이야기한다. 그러나 타락한 인간의 생각은 눈에 보이지 않는 것은 무엇이든지 별로 중요하게 생각하지 않을 뿐 아니라, 비록 진리가 입증될 수 있는 경우라 하더라도 실재하지 않는 것처럼 가정하려는 경향이 있다. 이처럼 신앙이라는 것이 실제 생활과는 유리되어 상상의 공허한 영역에나 머물러 있게 되어 버렸다. 그러다 보니 신앙은 실제 존재하지 않는다고 생각하면서도 막상 누군가가 나서서 그것을 공개적으로 반대할 용기도 없는 상황에 봉착하게 되었다.

이러한 현상이 이방 종교들이나 모호하고 서툴게 정의된 유사 종교에나 해당되는 말이기를 바랐다. 그러나 오늘날 복음주의 기독교 신앙에서 나타나는 많은 현상들도 이와 별반 다르지 않다. 시인 워즈워스(Wordsworth)는 '실제로 존재하시는 하나님을 믿지 않는 궤변적인 그리스도인이 되기보다는 차라리 존재하지도 않는 신을 믿는 신실한 이방인이 되는 것이 더 영향력을 발휘한다'는 뜻을 내포한 시를 썼다. 나는 이 시에 상당히 공감한다.

말은 많고 행동은 아주 적게 하는 기관을 들라면 단연 교회가 될 것이라 생각한다. 예를 들어 어떤 공장이 교회처럼, 원자재는 그렇게 많이 쓰면서 완제품은 그처럼 적게 생산해 낸다면 6개월도 못 가 파산하고 말 것이다. 종종 이런 생각을 하곤 한다.

'미국의 한 마을에서 어느 주일날 드린 기도의 일 퍼센트의 십분의 일만 응답되어도 하룻밤 사이에 마을은 엄청난 변화가 일어

날 것이다.'

 그것이 바로 우리들의 문제다. 우리는 하루에도 수백만 마디의 말을 쏟아 내지만 그 기도들이 응답되는지 그렇지 않는지는 그리 중요하게 생각하지 않는다. 저마다 자신의 기도가 응답 받으리라고 전혀 기대하지 않기 때문이다. 좀 심하게 말하면, 설혹 그 기도들이 응답된다 하더라도 오히려 우리 자신이 더 당황할지도 모를 일이다.

 많은 그리스도인들이 아무것도 이루어지지 않으리라 생각하면서 장황하게 주께 간구한다. 더 심하게 이야기하면, 어쩌면 그들이 그와 같은 간청을 하는 진짜 이유는 그것을 진심으로 바라지 않기 때문일 수도 있다. 반대로 하나님께서 그들의 간청을 심각하게 다루기 시작하신다는 암시를 받게 되면 말만 많은 형제들은 즉시 자기들의 요구를 취소해 버릴 일이 많이 생기게 될 것이다.

 이처럼 우리의 신앙이 말로만 하는 데서 안주해 버리는 까닭은 행위들이 너무나 큰 대가를 요구하기 때문이다. 예를 들어, 십자가를 짊어지고 가기보다는 "주여 제가 매일 십자가를 지고 갈 수 있도록 도와주시옵소서"라고 기도하는 편이 훨씬 쉽다는 것이다. 실제로 행동으로 옮길 구체적인 결단을 하지 않았음에도 그것을 할 수 있게 도와 달라고 간청하는 것은, 그것이 어느 정도 우리에게 종교적인 위로를 주기 때문이다. 뿐만 아니라 이러한 말들을 반복적으로 사용하다 보면 마치 자신이 정말로 그렇게 하려고 애쓰고 있다는 거짓 만족을 가지게 되기 때문이기도 하다.

행위 대신 말로 대치하는 이러한 모습은 비단 오늘날의 문제만은 아닌 듯하다. 사도 요한도 그 당시 사람들의 모습을 보며 다음과 같은 말로 그들을 권면했다.

"자녀들아 우리가 말과 혀로만 사랑하지 말고 오직 행함과 진실함으로 하자 이로써 우리가 진리에 속한 줄을 알고 또 우리 마음을 주 앞에서 굳세게 하리로다"(요일 3:18-19).

또한 야고보도 행함이 없는 말의 악습에 대하여 다음과 같이 말했다.

"만일 형제나 자매가 헐벗고 일용할 양식이 없는데 너희 중에 누구든지 그에게 이르되 평안히 가라, 더웁게 하라, 배부르게 하라 하며 그 몸에 쓸 것을 주지 아니하면 무슨 이익이 있으리요"(약 2:15-16).

그렇다면 말과 행함 사이에서 어떻게 해야 한단 말인가? 침묵서약이라도 해야 한다는 것일까? 아니면 우리의 행동이 말을 따라잡을 수 있을 때까지는 기도도 찬송도 전도도 하지 말아야 한다는 것인가? 그렇지는 않다. 그것은 아무 도움이 못 된다. 그리스도인들이 예수님을 영접한 후에도 여전히 이 땅에 남겨진 이유는 증인의 삶을 살기 위해서다. 즉 숨이 붙어 있는 동안, 사람들에게는 하나님에 관하여, 하나님께는 사람들에 관하여 말하기 위해 이 땅에 남겨진 것이다. 그렇다면 어떻게 해야 행함이 없는 말의 함정을 피할 수 있을까?

그 방법은 쉽지는 않지만 매우 단순하다. 첫째, 진심이 담기지 않은 말은 하지 말자. 특히 수사적인 종교적 잡담을 즐기는 습관을 버리자. 그리고 오직 결과를 받아들일 준비가 되어 있는 것들만 이야기하자. 둘째, 하나님의 약속을 믿자. 그리고 하나님의 계명에 순종하자. 셋째, 진리를 실천하자. 그러면 진리만을 이야기하게 될 것이다.

행함은 말을 구체화시킨다. 우리가 능력 있는 행동들을 하면 우리의 말이 권위를 갖게 되고, 마음 가득 현실에 대한 새로운 감각이 채워질 것이다.

에로틱한 것과
영적인 것을 구별하라
―
08

　　　　　목자는 무기를 움켜쥐고 그들을 방어
하기 위해 달려가야 할 도덕적 책임이 있다. 비록 사랑의 본질은
찢어진 마음을 싸매 주고 상처받은 이들에게 사역하는 것이지만,
필요하다면 사랑을 위해 칼을 사용할 수도 있다.

　이 시대는 에로틱 시대(Erotic Age)로 흘러가고 있다. 성적 사랑을 예찬하기까지 한다. 현대 문명 속에 사는 사람들은 그 어떤 신보다 에로스(Eros : 사랑의 신)를 더 많이 숭배한다. 그러다 보니 이러한 에로틱한 것이 수많은 사람들의 마음속에서 영적인 것을 대체하게 되었다.

세상이 어쩌다 이 지경이 되었는지 더듬어 보기란 그리 어렵지 않다. 많은 요소들이 이러한 상황을 조장했다. 사랑의 노래를 순식간에 전국으로 퍼지게 만들어 준 라디오와 전축이 있고, 관능적인 여자와 남자가 포옹하는 장면을 보고 즐기도록 해 준 영화나 텔레비전이 있다. 기독교 가정의 거실에서도, 순진한 어린이들의 눈앞에서도 이러한 장면이 여과 없이 흘러간다! 또 일하는 시간이 단축되고 모든 사람이 오락을 즐길 수 있도록 여러 가지 복잡한 기계 장치들이 앞다투어 개발되었다. 뿐만 아니라 거의 모든 상품들이 구매자를 끌어 모으기 위해 공공연하게 상품 광고에 성(性)을 미끼로 던지고 있고, 천사의 얼굴을 가졌으나 요염한 뒷골목 고양이 같은 보드랍고 가냘픈 인물들을 선전하는 데 평생을 쏟고 있는 하급 평론가들도 있다. 또한 대중들을 즐겁게 하기 위해서 영혼의 하수구로부터 문학적인 찌꺼기들을 끌어내 어설픈 명성과 부를 얻는 양심 없는 소설가들도 있다.

이러한 요소들이 바로 현대 문명화된 세계에서 에로스를 승리로 이끌었다. 만일 이러한 신이 우리 그리스도인들을 가만히 내버려 둔다면 나도 그 이단을 그대로 놔두겠지만, 현실은 전혀 그렇지 않다. 어느 날엔가는 이 엉성하고 냄새 나는 무더기들이 스스로의 무게에 눌려 가라앉게 되며, 또 지옥불을 태우는 좋은 연료가 될 것이다. 이러한 보응이 지금 일어나고 있다. 그것을 보노라면 비극적인 붕괴에 사로잡혔던 이들이 불쌍하기 그지없다. 그들이 조금이라도 나은 삶을 살았으면 좋았을 텐데, 하고 애석해하기보다는 차라리 조용히 눈물을 흘리거나 침묵을 지키는 편이 나을 것이다.

그런데 문제는 이 에로스 숭배가 교회에 심각한 영향을 끼치고 있다는 점이다. 하나님의 심중에서부터 수정처럼 흘러내리는 순수한 그리스도의 강물이, 뉴욕에서부터 로스앤젤레스에 이르기까지 모든 산과 나무 밑에서 생기는 가증스러운 제단들에서 방울방울 떨어지는 불결한 물로 오염되어 가고 있다.

복음주의 진영 곳곳에서 에로틱한 정신의 영향이 나타나고 있다. 성도들이 모임에서 부르는 대부분의 노래에 성령적인 것보다는 로맨스적인 면이 더 강하다. 가사나 곡조가 다 호색적인 것들을 격동시키도록 만들어져 있다. 그러다 보니 그리스도를 아주 친근하게 읊고 있는 것처럼 보이지만 실상은 그리스도가 누구인가 하는 것을 전적으로 무시하는 태도를 나타낸다. 그리스도를 경배해야 할 성도가 그분을 존경하고 친밀감을 표현한 것이라기보다는 오만하게 육적 사랑의 친교를 나타내는 것에 지나지 않는다.

로맨스와 종교가 서로 한 이야기 속에서 얽히게 되면 순수 종교 서적을 읽지 않는 사람일지라도 책을 읽게 된다는 것이다. 그래서 복음을 전한다는 이유로 기독교 소설에까지 성(性)을 이용하는 사례가 늘고 있다. 그러나 요즘 종교 소설가들의 대부분은 아마추어이고, 단 한 줄의 순수하고 멋있는 글도 제대로 쓸 능력이 없는 사람들이라는 사실은 접어 두더라도, 종교적 로맨스 소설의 배경을 이루는 개념 자체가 건전하지 못하다.

음색(淫色)을 일으키는 충동과 사랑스럽고 깊은 성령의 움직임은 물과 기름처럼 서로 섞일 수 없다. 때문에 에로스가 주의 영광에 보조적인 역할을 할 수 있을 것이라는 개념은 매우 모욕적이다. 기독교 영화가 관객을 유치하기 위하여 성적인 장면을 광고한다는 것은 그리스도의 종교관에서 보면 완전히 잘못된 것이다. 그것으로는 영적 소경밖에는 얻을 것이 없다.

오늘날 기독교의 중흥을 꾀한다는 미명하에 육체적 아름다움이나 개성을 드러내는 것 또한 로맨틱한 정신의 영향 때문이다. 리듬에 맞춰 움직이는 행위, 어수선한 웃음, 너무 지나치게 즐거워하는 목소리 등은 종교적인 속물 근성을 그대로 드러낸 것이라 할 수 있다. 이런 것들은 텔레비전 화면에서 배운 것들이지 전문 분야에서 성공적으로 사용할 수 있도록 배운 것들은 아니다. 그럼에도 이런 부적절한 산물들을 거룩한 장소에까지 가지고 나와서 종교적인 집회에서 무엇인가 즐거운 것들을 기대하는 괴롭고 축 늘어진 그리스도인들에게 팔며 돌아다닌다.

만일 내 말이 가혹하게 느껴진다면 이 말은 특정 개인에 대하여 하는 말이 아님을 기억해 주기 바란다. 나는 잃어버린 인간 세계를 향하여 오직 측은한 마음을 가지고 있을 뿐이며, 그들이 회개하기를 간절히 바랄 뿐이다. 용기는 있으나 잘못된 지도력으로 현대 교회를 여호와의 제단이 아닌 '범죄의 제단'이 되도록 만든 그리스도인들에 대해서도 나는 진정으로 사랑과 동정을 느낀다. 나는 그들에게 상처를 주고 싶지 않다. 그들을 용서하고 싶다. 이것은 나도 내 과거의 죄악들을 기억하고 주의 자비하심이 필요했던 사실과 또 나 자신도 죄를 짓거나 잘못을 저지를 수 있는 약점과 성품을 가지고 있기 때문이다. 당나귀를 이용하셔서 선지자 발람을 꾸짖으셨듯이, 하나님은 그분의 백성에게 경고하고 권고하는 데 도구를 사용하신다. 이때 그 도구가 완전치 않아도 그분은 사용하신다.

하나님의 양들이 위험 속에 처해 있는데도 목자가 별들만 바라보며 '영감 있는' 주제들이나 묵상하고 있어서는 절대 안 된다. 목자는 무기를 움켜쥐고 그들을 방어하기 위해 달려가야 할 도덕적 책임이 있다. 비록 사랑의 본질은 찢어진 마음을 싸매 주고 상처받은 이들에게 사역하는 것이지만, 필요하다면 사랑을 위해 칼을 사용할 수도 있다. 지난 30년 동안 복음적 기독교 신앙의 영적 자질은 해마다 더 나빠지고 있으며, 비겁이 겸손처럼 위장하고 모퉁이에 웅크리고 있었다.

오, 주여! 언제까지입니까, 언제까지입니까?

마귀를 인식하되 두려워 말라

09

> 원수를 내쫓는 가장 좋은 방법은 그리스도가 내 안에 들어오시게 하는 방법이다. 목자만 곁에 있다면 아무리 힘없는 양이라 하더라도 이리쯤은 전혀 두렵지 않다. 사탄은 기도하는 양을 두려워하는 것이 아니라, 목자를 두려워한다.

인간의 본성은 마음을 끄는 악한 유혹에 약한 데다, 본능적으로 극단적인 경향이 있기 때문에 잘못을 범하는 경우가 많다.

그리스도인들이 마귀를 대하는 태도에도 이와 같은 극단적인 성향이 자주 나타난다. 특히 영적인 사람들 속에서 이런 것들이 나타나는데, 마귀를 아예 무시하는 사람이 있는가 하면, 마귀를 지나치게 의식하는 사람이 있다.

물론 이 세상에는 원수 마귀가 존재한다. 그러므로 그것을 아예 무시해 버려서는 안 된다. 성경을 보면, 창세기 3장에 마귀가 등장하여 계시록 20장에서 완전히 사라진다. 마귀가 인간 역사의 시작에서부터 끝날까지 함께 있을 것이라는 의미이다.

이 원수는 종교적으로 꾸며낸 존재도 아니고, 편리상 악을 인격화시킨 것도 아니다. 그것들은 인간처럼 생생하게 존재한다. 성경은 마귀를 하나님의 적이요, 모든 선한 자들의 원수라고 선포하고 있다. 마귀는 거짓말쟁이, 속이는 자, 죽이는 자로서 온갖 속임수와 교활함을 동원해 자기 목적을 달성한다.

마귀는 영이므로 자기가 원하는 대로 땅을 왕래할 수 있다. 마귀는 어느 곳에나 동시에 존재할 수 있는 편재성은 없지만(편재성은 하나님만의 속성이므로), 그것들도 여러 곳에서 자기를 나타낼 수 있는 영적인 존재들이다. 때문에 그것들이 목적한 것을 이루기 위한 측면에서 본다면 하나님의 편재하심과 거의 같은 효과를 갖는다고도 볼 수 있다.

이 원수는 여러 가지 이름을 가지고 있는데, 용(dragon), 뱀(serpent), 마귀(devil), 사탄(Satan) 등이 대표적인 예다. 이와 같이 최고의 악한 존재 말고도 그 밑에는 귀신들, 즉 정사(principalities), 권세(powers), 이 세상 어둠의 주관자(rulers of the darkness of this world)와 하늘에 있는 악의 영들(wicked spirits in high places)이 원수

의 명령을 따르고 있다. 이렇게 수많은 불법자들의 무리가 얼마나 성공을 거두었는지는 피에 젖은 펜으로 적은 인간 역사에 선명히 기록되어 있다. 이것들이 이 땅에 가져온 대파괴는 도저히 다 기록할 수가 없을 만큼 공포스러운 것들이다. 날마다 신문이나 방송에서 전하는 소식들은, 이러한 악령들이 얼마나 헌신적으로 파괴 활동에 참여하고 있는지 보여 주는 증거들이다.

사탄은 하나님을 하나님이시기 때문에 미워하고, 하나님이 귀하게 여기시는 모든 것은 하나님이 그것을 사랑하신다는 이유 때문에 미워한다. 인간이 하나님의 형상대로 만들어졌기 때문에 사탄은 인간을 미워한다. 특히 그리스도인은 하나님께 더없이 중요한 존재들이므로, 어둠의 세력들은 세상 누구보다 더 많이 그리스도인들을 증오한다.

이런 상황에서 그리스도인이 원수의 존재를 등한시하거나 그 역사를 무시하는 것은 어리석은 일이 아닐 수 없다. 악에 둘러싸여 사는 것은 끝없는 멸망 속에서 사는 것과 같은데, 이런 곳에서 살면서도 위험을 전혀 인식하지 못한다면 결국 이 땅은 미련한 자들의 낙원이 되고 말기 때문이다.

마귀의 힘을 과소평가해서는 안 된다. 마귀의 마력에 빠지지 않도록 주의해야 하고, 또한 마귀를 두려워하면서 살지 않도록 조심해야 한다. 우리는 마귀의 책략에 무관심할 수 없다. 만일 마귀가 우리를 회의론자로 만들지 못한다면 우리가 마귀를 지나치게 의식하며 살도록 만들어 인생에 어두운 그림자를 드리울 것이다.

진리와 사교(미신) 사이에는 겨우 종이 한 장 차이밖에 없다. 그러므로 원수에 대해 잘 알아야 한다. 더불어 마귀가 자신에 관하여 우리에게 올무를 놓을지도 모르는 모든 미신적인 생각에 대해서는 담대하게 대적하고 일어서야 한다. 진리는 우리를 자유롭게 만드나 미신은 우리를 노예로 사로잡는다.

많은 그리스도인이 악령에 대항하여 열심히 싸운다. 순간순간 마귀에 대항하여 싸우기 때문에 정신적으로나 육체적으로 매우 지쳐 있다. 그럼에도 그들이 살아 있는 이유는 하나님을 미친 듯이 부르짖고 또 예수의 이름으로 마귀를 꾸짖고 있기 때문이다.

심령주의자들은 불완전한 상태에서 마귀를 병적으로 인식하는 경향이 있다. 갈수록 더 예민해지고 의심이 많아지면서 자신을 괴롭게 하는 모든 것들의 배경에 악령이 있다고 생각한다. 그래서 신경을 있는 대로 곤두세우고는 큰소리로 마귀에게 물러가라고 명령한다. 하지만 사실 이것은 너무 놀란 나머지 신경적인 반응을 보인 것에 지나지 않을 수도 있다.

그러나 이것의 폐단은, 이런 것들이 전염성을 가지고 있어서 기쁘게 예배를 드려야 할 회중을 놀라게 하거나 허둥지둥하게 만들어, 결국 완전히 불행하게 만들어 버린다는 점이다.

여기 기쁜 소식을 전해 주는 성경적인 방법이 있다. 즉, 우리 앞에 언제든지 주를 모시는 것이고, 우리의 비전 중심에 언제든지 그리스도를 모시는 것이다. 사탄은 오직 빈자리가 있을 때에만 숨어 들어오며, 밝은 빛의 끝에 놓는 그림자와 같은 모습으로만 나타난다. 때문에 이것을 거꾸로 배치하면 잘못이다. 즉 사탄을 우리 비전의 중심에 놓고 하나님은 가장자리 끝에 모신다면 크게 잘못된 일이다. 만약 그렇게 자리를 뒤바꿔 놓게 되면 비극밖에는 찾아올 것이 없다.

원수를 내쫓는 가장 좋은 방법은 그리스도가 내 안에 들어오시게 하는 방법이다. 목자만 곁에 있다면 아무리 힘없는 양이라 하더라도 이리쯤은 전혀 두렵지 않다. 사탄은 기도하는 양을 두려워하는 것이 아니라, 목자를 두려워한다.

교회에서, 하나님의 말씀과 성령으로 양육된 지도자에게 잘 배운 그리스도인들은 마귀를 결코 두려워하지 않을 것이다. 그들은 필요하다면 어린양의 보혈로 어둠의 세력에 대항할 것이다. 또한 그들은 인생을 살면서 위험을 인식하고 또 그것을 어떻게 처리해야 하는지 알게 되고 하나님 모시는 일을 실제적으로 체험하게 될 것이다. 그럴 때 그들은 마귀를 지나치게 의식하지 않는 건강한 신앙을 형성하게 될 것이다.

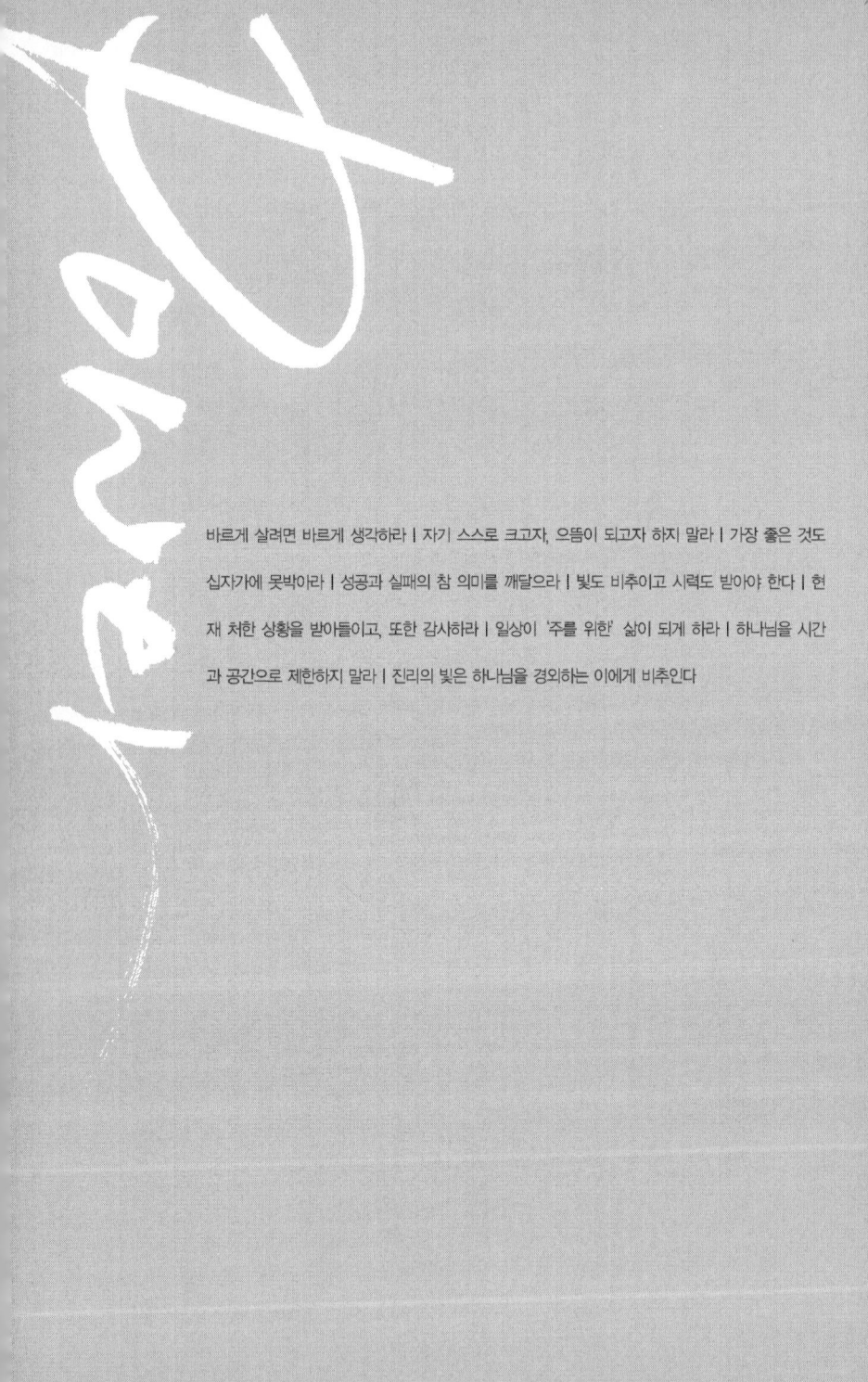

바르게 살려면 바르게 생각하라 | 자기 스스로 크고자, 으뜸이 되고자 하지 말라 | 가장 좋은 것도 십자가에 못박아라 | 성공과 실패의 참 의미를 깨달으라 | 빛도 비추이고 시력도 받아야 한다 | 현재 처한 상황을 받아들이고, 또한 감사하라 | 일상이 '주를 위한' 삶이 되게 하라 | 하나님을 시간과 공간으로 제한하지 말라 | 진리의 빛은 하나님을 경외하는 이에게 비추인다

제2부
주를 위하여

바르게 살려면 바르게 생각하라

10

우리의 생각을 가장 잘 조절하는 방법은 우리의 지적인 부분을 하나님께 온전히 내어 드리는 것이다. 그러면 성령께서 즉시 우리 마음과 생각을 주장하기 시작할 것이다.

무슨 생각을 하든지 그것은 우리 자유다. 다만 그 생각하는 바에 따라 현재의 모습과 조만간 다가올 미래의 모습이 결정될 것이다.

성경은 우리가 어떻게 생각해야 하는지 많이 다룬다. 반면, 현대 복음주의자들은 이것에 대하여 별로 이야기하지 않는다. 성경이 우리의 생각에 대하여 그처럼 여러 번 반복하는 까닭은, 그것이 우리에게 매우 중요하기 때문이다. 그럼에도 복음주의자들이 생각에 대하여 거의 말을 하지 않는 이유는 크리스쳔 사이언스(Christian Science), 통일교, 신사상 등과 같은 '생각(thought)을 토대로 한 이단들'에 대한 과잉 반응 때문이 아닐까 싶다. 이런 이단들은 우리가 생각하는 것에 따라 무엇이든 이룰 수 있다고 말하는데 반해, 우리 그리스도인은 우리의 생각이 아무것도 아니라고 여긴다. 두 가지 입장 모두 잘못된 것이다.

우리가 자발적으로 하는 생각은 현재의 자신을 나타내 줄 뿐만 아니라, 장차 어떻게 될 것인지 예측 가능하게 해 준다. 자연스럽게 일어나는 본능적인 행동은 예외일 수 있지만 우리가 의식적으로 하는 모든 행위는 생각의 영향을 받는 것이다. 때문에 의지가 생각의 종이 될 수 있고, 넓은 의미에서 보면 감정도 생각에 의해 조율이 가능하다.

사람들이 보통 "그 생각만 하면 자꾸 화가 치민다"라고 말하는 것은 바로 이 때문이다. 이 말 속에는 그의 지적인 과정이 정확히 나타나며, 또한 뜻하지는 않았지만 생각의 힘에 대한 찬사도 들어 있다. 생각이 감정을 일으키고 감정이 행동을 부추겨 일을 시작하게 한다. 우리는 그렇게 만들어졌기 때문에 이것을 당연하게 받아들인다.

시편과 예언서 속에는 종교적인 감정을 일으키고 바른 행동을 자극하기 위해서는 바른 생각을 하는 능력이 있어야 한다고 말한다. 뿐만 아니라 구약성경 전체에 흐르는 문맥을 살펴보면, 죄를 회개하고 선한 행위와 용기 있는 행동을 하기 위해서는 잠잠히 거룩한 일들에 관해 먼저 생각하는 것이 얼마나 중요한지에 대해 계속 권면하고 있다.

하나님이 인간에게 주신 사고의 능력을 이렇게 좋게 본 것은 구약성경만이 아니다. 예수 그리스도는 사람이 악한 생각으로 인하여 자신을 더럽히고 있다고 말씀하셨고, 심지어 생각과 행위를 같은 기준을 가지고 보고 계심을 말씀하셨다.

> "여자를 보고 음욕을 품는 자마다 이미 마음에 간음하였느니라"(마 5:28).

바울도 여러 가지 훌륭한 덕목들을 열거한 뒤 "이것들을 생각하라"고 강하게 명령하였다.

이러한 인용 외에도 성경에는 수백 가지 말씀이 더 언급돼 있다. 하나님과 거룩한 것들에 대한 생각은, 신앙과 사랑과 겸손과 존경이 성장하는 데 도덕적인 도움을 줄 수 있다. 물론 생각만으로는 마음을 새롭게 할 수 없고, 죄도 없앨 수 없으며, 상황도 변화시킬 수 없다. 또한 생각만으로는 키를 1센티미터도 크게 할 수 없을 뿐 아니라, 악한 것을 선하게도 못하고 어둠을 밝게도 할 수 없다. 그러나 우리는 성령으로 영감된 생각에 의해 우리 마음을 깨끗케 할 수도 있고, 그곳을 하나님이 기뻐하시는 거룩한 성전으로 만들 수도 있다.

앞에서 '우리가 자발적으로 하는 생각들'에 대해 언급했는데, 매우 신중하고 깊이 있게 생각한 이야기다. 악하고 적의로 가득 찬 세상을 사노라면, 좋아하지도 않고 도덕적으로 용납할 수도 없는 수많은 생각들이 우리를 덮쳐 올 것이다. 하지만 삶의 필요를 저버릴 수 없어서 우리는 아무런 도움이 되지 않는 이런 생각들을 매일같이 강요당하며 살아간다. 이것이 우리에게 매우 일상적인 것이라는 사실을 알게 되면, 그리스도인은 혐오감을 느끼게 될 것이다.

이러한 것들이 영향력을 가지고 있긴 하다. 하지만 그리스도인에게는 거의 영향을 끼치지 못한다. 뿐만 아니라 우리는 그러한 생각들에 대한 책임이 없다. 그런 생각들은 마치 공중에 새가 날아가지만 어떤 흔적도 남기지 않듯이, 머릿속을 잠시 스칠 뿐 곧 사라져 버린다. 왜냐하면 그 생각들은 우리 자신의 것이 아니기 때문에 우리에게 지속적인 영향을 끼치지 못한다. 그 침입자들은 우리에게 환영받지 못할뿐더러 우리는 가능한 빨리 그것들을 내쫓아 버린다.

누구든지 자신의 영적 상태를 점검해 보기 원하면, 몇 시간 전이나 며칠 전에 자신이 했던 생각(스스로 하고 싶어 했던 자발적인 생각이 어떤 것이었는가)을 살펴보자. 자유롭게 생각할 수 있었던 때에 당신의 마음은 어느 곳을 향해 있었나? 생각이라는 새를 날려 보냈을 때, 까마귀처럼 썩은 시체 위에 앉기 위해 영원히 날아가 버렸는가, 아니면 비둘기처럼 다시 노아의 방주로 날아왔는가? 스스로 정직하게 살펴보기만 한다면, 자신이 지금 어떤 사람인지 발견할 수 있다. 나아가 장차 어떻게 될 것인지도 알 수 있다. 얼마 지나지 않아 우리들은 우리가 기꺼이 생각하는 것들의 집합체가 되어 있을 것이다.

생각이 감정을 격동시키고, 감정은 의지에 강한 영향을 미친다. 하지만 그럼에도 불구하고 생각은 의지를 지배할 수 있으며, 또한 지배해야 한다. 정상적인 사람이라면 '자기가 무엇을 생각할 것인가'를 스스로 결정할 수 있다. 물론 마음이 어수선하고, 지금 시험을 당하고 있다면 생각을 조정하기가 대단히 힘들 것이다. 비록 가치 있는 대상에 관하여 생각을 집중시키고 있을 때라도 난잡하고 덧없는 생각들이 생각 속을 오락가락할 것이기 때문이다. 이것들은 해롭다기보다는 우리에게 성가신 것들이다. 길게 보면 그렇게 큰 차이는 없다.

생각을 가장 잘 조절하는 방법은 우리의 지적인 부분을 하나님께 온전히 내어 드리는 것이다. 그러면 성령께서 즉시 마음과 생각을 주장하기 시작할 것이다. 그렇게 되면 영적인 것들을 생각하기가 쉬워진다. 특히 날마다 오랜 기도를 통하여 생각들을 쉽게 훈련할 수 있으며, 머릿속으로 드리는 기도가 오랫동안 숙달되면

(즉 우리가 일할 때나 여행하면서 내면적으로 하나님께 이야기하는 것) 거룩한 생각들을 습관적으로 가질 수 있게 될 것이다.

자기 스스로 크고자, 으뜸이 되고자 하지 말라

―
11

오직 겸비한 섬김을 통해서 인간은 자신의 권리를 다시 회복할 수 있다. 한 사람 한 사람이 완전한 섬김을 실천한 뒤에라야 다스릴 수 있는 자격을 얻을 수 있다.

"너희 중에 누구든지 으뜸이 되고자 하는 자는 너희 종이 되어야 하리라" (마 20:27).

이 말씀으로부터 다음과 같은 결론을 이끌어 낼 수 있다. 즉 (1) 우리가 올바른 위대함을 구하고 있다면, (2) 우리가 무엇이 위대한가 하는 것을 하나님께서 결정하시도록 허락한다면, (3) 우리가 진정한 위대함이 요구하는 대가를 지불할 용의가 있다면, (4)우리가 최후에 누가 위대한가 하는 문제를 하나님이 판단하시도록 기다리는 것에 만족한다면, 위대해지고자 하는 그 소원은 잘못된 것이 아니다.

그리스도께서 '위대하다'(크다)라는 단어를 사람들에게 이야기하셨을 때, 그 뜻이 무엇인지 이해하는 일은 매우 중요하다. 다만 그 뜻을 사전적인 의미로만 해석한다면 별 도움이 못 될 것이다. 오직 신학적 관점에서 넓게 볼 때만 바르게 이해할 수 있다.

하나님께로부터 오는 비전을 본 사람이라면 누구든지, 자신이나 혹은 다른 누군가를 감히 위대하다거나 크다고 말할 수 없다. 하나님의 위대한 모습이 영혼들의 눈에 나타날 때 경배자는 두려움과 기쁨으로 그분의 발 앞에 무릎을 꿇게 될 것이며, 또한 하나님의 넘치는 위대함 때문에 자연히 "하나님만이 위대하십니다"라고 부르짖게 될 것이기 때문이다.

이러한 모든 사실에도 불구하고 하나님은 위대하다는 말을 인간에게도 사용하셨다. 천사가 사가랴에게 말할 때에 장차 태어날 아이는 주 앞에서 큰 자(위대한 자)가 되리라고 예언했으며, 예수님도 제자들에게 하늘나라에서 큰 자(위대한 자)가 될 사람들에 대해 말씀하셨다.

성경에서 확실하게 인정하는 위대함은 두 가지뿐이다. 하나는 절대적이고 창조되지 않은 위대함으로 하나님께만 속한 것이고, 다른 하나는 상대적이고 유한한 위대함으로 순종과 자기 부인을 통해 할 수 있는 대로 하나님의 형상을 닮으려고 애쓰는 믿음의 사람들에게 주어지는 것이다. 때문에 우리가 지금 말하는 위대함은 후자에 속한 위대함이다.

　위대함을 추구하는 것, 그것 자체는 잘못이 아니다. 인간도 한 때 하나님의 형상으로 만들어졌고, 또한 땅을 정복하고 지배하라는 말씀을 받았다. 그러나 현재 모습 이상을 넘어 위로 올라가고 싶어 하는 욕망과 모든 것을 자기 밑에 두고 복종시키려는 욕망은, 자칫 인간에게 창조시에 부여된 목표를 타락한 인간 본성대로 성취시키려는 맹목적인 충동을 불러일으키기 쉽다. 이처럼 죄는 자연스러운 인간 본능마저 다른 모든 것처럼 더럽혀 놓았다.
　인간은 그들의 최초의 신분을 떠나 위대함이 전혀 존재하지 않는 곳에서 위대함을 찾기 시작했다. 더욱이 불법을 일삼으면서도 계속 위대함을 추구하고 있다. 그래서 주께서는 주의 말씀을 경청하기 원하고 주의 생애를 자기 생애의 표본으로 받아들이려는 자들을 위해서 이 위대함의 문제를 아주 분명하게 하셨다.
　주의 가르침의 핵심은 '진정한 위대함이란 성품 속에 있는 것이지 능력이나 지위에 있는 것이 아니라'는 것이었다. 그럼에도 불구하고 무지한 인간은 뛰어난 재능이 사람을 위대하게 만든다고 생각해 왔으며 지금도 대부분이 그렇게 생각한다. 예술이나 문학, 음악, 조각 등의 분야에서 비범한 능력을 타고나면 그것 자체를 위대함의 증거라고 생각한다. 하지만 그리스도는 자신의 생애를 통해 위대함은 그것보다 더욱 깊은 곳에 있음을 가르치셨다.

그리스도는 재능을 내세우며 정치적 권세를 얻은 자들과 다른 사람들을 지배하는 지위를 상속받은 자들을 '이방인의 왕자들'이라고 부르셨다. 그리스도는 그런 종류의 위대함에 대해서는 전혀 감동 받지 않으셨던 것이다. 그러한 위대함과 진정한 위대함을 분명히 구분하셨기 때문이다. 그분은 "너희 중에는 그렇지 않으니라"고 자신의 추종자들에게 말씀하셨다. 이는 기존의 모든 위대함의 개념을 뛰어넘는, 전혀 새로운 개념의 위대함이었다.

그리스도께서 오시기 전의 모든 철학자들과 종교 지도자들은, 인간의 위대함에 관하여 헛된 사상들을 심어 주었다. 그러다 마침내 그리스도께서 진정한 위대함을 제시하셨고, 어떻게 하면 그것을 얻을 수 있는지 보여 주셨다.

"누구든지 크고자 하는 자는 너희를 섬기는 자가 되고 너희 중에 누구든지 으뜸이 되고자 하는 자는 너희 종이 되어야 하리라"(마 20:26-27).

이 말은 참 단순하고 쉽지만, 그대로 살기란 여간 어려운 것이 아니다. 그럼에도 우리가 그리스도를 본받아 이기심 없는 순전한 마음으로 사람들을 섬긴다면, 우리도 위대해질 수 있을 것이다. 하지만 그것은 우리 안에 있는 아담의 성품과는 정반대이기 때문에 실천하기가 쉽지만은 않을 것이다. 우리 안의 아담은 지금도 지배하고 싶은 본능을 가지고 있다. 그는 아직도 심령 깊숙한 곳에서 "땅에 충만하라, 땅을 정복하라"는 명령을 듣고 있다. 그래서 그는 섬기라는 명령을 기꺼운 마음으로 받아들일 수가 없는 것이다. 그곳엔 여전히 죄가 가져온 혼돈과 모순이 있다. 때문에 죄가 없어지지 않는 한 이 혼돈과 모순은 계속될 것이다.

죄는 반드시 사라져야 하고 아담도 그리스도께 온전히 굴복해야 한다. 태초에 인간은 자신에게 통치권이 있었음에도 불구하고 죄로 말미암아 이것을 잃고 말았다. 그러나 오직 겸비한 섬김을 통해서 인간은 자신의 권리를 다시 회복할 수 있다. 예수 그리스도의 대속을 통해 사망의 세력으로부터 구속을 얻었으나 이 통치권은 모든 사람이 개별적으로 얻지 않으면 안 된다. 즉 한 사람 한 사람이 완전한 섬김을 실천한 뒤에라야 다스릴 수 있는 자격을 얻을 수 있다.

예수께서도 먼저 섬기신 후에(그분의 섬김에는 죽음까지도 포함되었다), 하나님께서 그를 높이시어 모든 이름 위에 뛰어난 이름을 허락하셨다. 다시 말해 예수님은 인간으로서 먼저 섬김을 실천하신 후에 통치하는 권리를 얻으신 것이다.

예수님께 섬김은 그리 어려운 일이 아니었다. 왜냐하면 그분에게는 죄가 없었기 때문이다. 가장 낮은 수준의 섬김도 타락한 우리에게는 버거운 일이지만, 예수님께는 거절당하지 않았다. 그분은 진정한 위대함이 어디 있는지 잘 알고 계셨지만, 우리는 몰랐다. 하나님께서 우리를 내려가도록 만드신 곳에서 우리는 기어이

기어오르려 애쓰고 있다.

"**너희 중에 누구든지 으뜸이 되고자 하는 자는 너희 종이 되어야 하리라.**"

가장 좋은 것도
십자가에 못박아라

12

십자가가 우리 속에 있는 비실제적이고, 인위적인 것만 파괴시켜 버린다면 그것은 더 이상 십자가가 아니다. 십자가가 가장 잔인한 날카로움으로 우리 속에 있는 가장 좋은 것을 죽일 때 비로소 십자가인 것이다.

주위 사람들로부터 존경받고 싶어 하는 욕망은 자기 보존의 본능과 같이 보편적이고 자연스러운 것이다. 성경 또한 이러한 욕망을 인정한다.

우리 생각과는 달리 성경은 그것을 정죄하지 않는다. 뿐만 아니라 때로는 이것을 지지하기도 한다. 지혜자는 "많은 재물보다 명예를 택할 것이요"(잠 22:1)라고 하였으며, 사도 바울도 어떤 개인이나 교회들이 이런 존경을 받을 만하다고 솔직하게 언급하였다. 게다가 바울은 존경받을 만한 생활을 할 수 있도록 이것을 다른 사람들을 격려하는 데도 사용한다.

우리는, 다른 사람들이 자신을 어떻게 생각하는지 관여하지 않으며 자존심을 버린 사람의 품성을 이야기할 때, 이러한 언급을 한다. 사회에서 받는 평가에 가치를 두는 것은 옳은 일이다. 우리가 가진 사랑의 기준은, 다른 사람들이 우리를 사랑하기를 원한다는 것이다. 그렇지 않으면 그 사랑을 갈망하는 아주 비현실적인 겸손함을 추구하기도 한다. 그러나 나는 진리는 바로 십자가에 있다고 믿는다.

십자가가 우리 속에 있는 비실제적이고, 인위적인 것만 파괴시켜 버린다면 그것은 더 이상 십자가가 아니다. 십자가가 가장 잔인한 날카로움으로 우리 속에 있는 가장 좋은 것을 죽일 때 비로소 십자가인 것이다. 십자가가 만일 우리의 죄만 죽인다면, 그것은 우리의 생명을 앗아 갈 위험이 있는 감염 부위를 수술용 칼로 도려내는 것에 지나지 않을 것이다. 그러나 우리가 가장 소중히 여기고, 좋게 생각하는 것을 잃게 될 때 비로소 십자가에 달려 못과 가시에 찔리는 고통을 알게 될 것이다.

사도 시대 이후 그리스도인들은 사람들에게 존경받는 것을 귀하게 여기면서도 그리스도 때문에 그것을 부인해야 하는 십자가의 고난을 감수했다. 왜냐하면 십자가의 길은 원래 인기가 없는 것이었고, 또한 그것을 지는 이에게는 책망이 임했기 때문이다. 이처럼 구별된 그리스도인은 일생 동안 사람들의 증오를 피하기 힘들다. 보통은 그가 죽은 지 오랜 후에야 그에 대한 평가가 유연해진다. 그가 살아 있을 동안에는 미워하던 세상도 그가 가고 난 다음에는 종종 칭찬을 하는 경우가 있다.

존 웨슬리(John Wesley)와 그 당시 감리교도들은 이러한 기이한 현상의 좋은 예다. 그들이 이 땅에 살아 있던 동안에는 핀잔과 조소의 대상이었다. 마치 쓰레기처럼 취급당하고, 사람들에게 핍박을 받았으며, 더 심하게는 한센병 환자들처럼 냉대를 당했다. 그러나 지금 우리는 그들의 찬송가를 부르고 있고, 그들의 무덤을 짓고 있다. 역사는 소위 그들의 '완전주의' 때문에 그들이 당한 숱한 학대들을 낱낱이 기록하고 있으며, 그들의 억제할 수 없는 기쁨이 사람들을 얼마나 당황하게 만들었는지도 기록하고 있다.

내가 자주 인용하는 게르하르트 테르슈테겐(Gerhard Tersteegen)의 〈순례자의 노래〉(Pilgrim Song)에는 광야를 지나면서 사랑받지 못하고 주목받지 못하는 거룩한 여행자들을 위로하고 격려하려는 노력이 담겨 있다. 그 마지막 절 가사다.

우리는 그가 가신 길을 따라가네

우리의 발이 찢어진들 어떠리?
그가 정해 놓으신 길에서는
덤불과 가시가 환영을 받는다네.
보이지 않고, 들리지 않고, 인정받지도 못하고,
미움받고, 상처받고, 명성도 얻지 못하지만,
오직 우리의 노래 속에 있다네.
아들 딸들이여, 계속하여라!

'우리의 노래 속에 있다'는 말에는, 일찍이 기록된 그 어떤 것보다도 더 큰 교회의 참정신이 들어 있다. 훌륭한 역사가들은 공회, 교서, 전쟁에 관하여 말한다. 그러나 이런 모든 형식적인 의식들 가운데에서도 영원한 도성을 보고서 이미 하늘나라에 간 사람처럼 이 땅에서 살았던 사람들도 간혹 있었다. 물론 이 사람들은 조직적인 종교 체계로부터는 인정받지 못했다. 다만 그들이 부르던 노래 가운데 일부가 오늘날까지 전해질 뿐이다. 그것 말고는 아무런 주목도 받지 못하고 세상을 떠났다. 하지만 그들은 항상 참 기쁨을 누리며 살았다.

그들이 부른 노래는 오늘을 사는 사람들에게 많은 것을 시사해 준다. 그들은 자기들의 작은 생활 범위 밖에서는 거의 알려지지 않은 사람들이고, 그들의 은사는 많지도 위대하지도 못했으나, 그들의 노래만큼은 참으로 아름답고 분명했다.

존 밀턴(John Milton)은 시력을 잃은 뒤에 저술한 『실락원』에서 아름답고 감동스러운 구절로 그의 상실을 이야기했다. 그를 둘러 싸고 있는 것은 온통 밤이었다. 그는 한숨을 쉬었다. 이제는 두 번 다시 세상을 보지 못할 것이었다.

낮도, 저녁이나 아침이 시작될 때의 아름다움도,
봄철에 꽃이 피는 것도, 여름철의 장미도,
새들도, 숲도, 인간의 얼굴에 있는 거룩함도
이제 다시는 볼 수 없으리.

그러나 그는 이러한 고난에도 불구하고 황폐해지는 것만은 거부했다. 비록 보지는 못했지만 여전히 생각할 수 있었고, 여전히 기도할 수 있었다. 뿐만 아니라 자신의 마음에 귀를 기울일 수 있었고, 마치 밤에 우는 나이팅게일처럼 노래할 수도 있었다.

…… 자지 않는 새처럼
밤에 노래하고,
그늘진 숲속에서
밤의 가사를 읊고 있네.

세상은 아주 큰 데다, 뒤틀리고 어두운 까닭에 한 사람의 진정한 그리스도인을 찾기가 어렵다. 우리가 한 가지 확실하게 아는 것은 그리스도를 많이 닮은 자일수록 그에 관해 신문에 보도할 거리는 더욱 없다는 사실이다. 비록 그가 동료들의 존경을 귀한 것으로 여긴다 하더라도, 그 자신은 얼마 동안 그들이 싫어하는 그늘 속에 있어야 할 수도 있다. 혹은 너무 바쁜 이 세상은 그가 그곳에 있다는 사실조차 잘 모르고 있을지도 모른다.

성공과 실패의
참 의미를 깨달으라

13

우리들의 가장 큰 영광은 예수님과 같아지는 데 있다. 예수님을 영접하는 사람들에게 영접 받고, 예수님을 거절하는 사람들에게는 거절당하고, 예수님을 사랑하는 사람들에게는 사랑 받고, 예수님을 미워하는 사람들에게는 미움을 받을 줄 알아야 한다.

세상은 '그 사람이 무엇을 할 수 있는가'에 따라 개개인을 판단한다. 그들이 성취해야 한다고 생각하는 고지의 높낮이에 따라 등급이 결정되는 것이다.

만약 바닥에 있으면 그 사람은 완전한 실패자고, 만약 꼭대기에 있으면 그 사람은 완전한 승리자가 된다. 대부분의 사람들은 꼭대기에 오르려고 쉼 없이 애쓴다.

간혹 어떤 이들은 꼭대기를 향해 올라가던 발걸음을 포기하고 바닥으로 미끄러져 곁길에서 평생 살기도 한다. 그들은 그 곁길에서 야망도 버리고 의지도 깨어진 상태 그대로 부스러기에 허리를 굽히며 살다가 끝내는 죽음을 맞이한다.

또 어떤 이들은 자신들의 재능과 열심과 좋은 운이 잘 복합되어 꼭대기에 빠르게 도달한 뒤, 그곳에서 모든 명예와 권력과 부를 누리며 살아간다. 그러나 이 모든 것 속에도 행복은 없다. 성공 지향적인 삶에 익숙한 나머지 너무 많이 긴장하며 살기 때문에 참행복을 느낄 여유가 없는 것이다. 즉 이기고자 하는 투쟁이 너무나 많은 부분을 차지하고 있어서, 생각은 좁아지고 심령은 강퍅해져 결국 생활 속에서 누릴 수 있는 수많은 밝은 비전에 그만 문을 닫아 버리는 것이다.

뿐만 아니라 꼭대기에 도달한 사람들은 오랫동안 행복하기가 어렵다. 얼마 지나지 않아 바닥으로 미끄러져 내려와 그 자리를 다른 사람에게 내어주게 될지도 모른다는 불안 때문이다. 그래서 인기 연예인들은 자신들의 순위에 주목하고, 정치가들은 자기에게 오는 우편물 수를 눈여겨본다.

가령 한 국회의원이 지난 3월보다 8월 여론 조사에서 지지율이 2% 떨어지면, 그는 마치 감옥에라도 가게 된 사람처럼 진땀을 흘리기 시작할 것이다. 야구 선수들은 그들의 기록에 따라 살고, 사업가들은 그들의 성장 도표에 따라 살고, 연주가들은 갈채의 정도에 따라 살아간다. 도전자가 챔피언을 쓰러뜨리지 못했을 때, 사람들이 보는 앞에서 우는 것은 너무도 흔한 일이 되어 버렸다. 이처럼 2인자가 된다는 것은 그를 욕구 불만에 빠지게 함으로 행복해지려면 반드시 1인자가 되어야 한다.

성공하고 싶어서 열광하는 것은 좋은 일이다. 하지만 아담의 타락 이후 이 마음에도 오염이 일어나기 시작했다. 물론 우리가 창조되었을 때 하나님께로부터 부여받은 목표를 성취하고 싶어 하는 욕망은 하나님이 주신 선물이다. 그러나 죄가 이것을 근본적으로 뒤틀어 놓았다. 즉 일등이 되어 최고의 영예를 차지하고 싶은 이기주의적 탐욕으로 바꾸어 버린 것이다. 이와 같은 탐욕 때문에 전 세계가 귀신에게 쫓기기라도 하듯이 광폭하게 질주하고 있으며 피하려고 해도 피할 길이 없게 만들어 버렸다.

하지만 예수님을 따르는 길은 전혀 다른 세계 속으로 들어가는 것이다. 신약성서는 오늘날 세계를 움직이는 모든 동기를 다 합친 것보다도 더욱 무한히 높은 영적 철학을 소개하고 있다. 그리스도의 가르치심에 따르면, 영적으로 가난한 자들이 축복을 받고 온유한 자들이 땅을 상속받는다. 게다가 처음 된 자가 나중 되고, 나중 된 자가 처음이 된다.

주는 가장 위대한 사람은 다른 사람을 가장 잘 섬기는 자라고 말씀하셨다. 모든 것을 잃어버리는 사람이 최후에 모든 것을 얻는 유일한 자라는 것이다. 세상에서 성공한 사람들의 보화는 심판의 태풍이 부는 날 모두 쓸려 나갈 것이다. 의로웠던 거지는 아브라함의 품에 안기지만, 부자였던 사람은 지옥의 불 속에서 고통 받은 말씀을 기억하기 바란다.

우리 주는 명백한 실패자로서 죽으셨다. 기성 종교인들에게는 신뢰받지 못하는 자로서 죽으셨다. 사회도 그를 거절하였고 친구들도 그를 저버렸다. 그를 십자가에 못박도록 내준 사람은 성공한 정치가였다. 출세를 꿈꾸는 자들은 그 정치가의 손에 입을 맞추었다. 그러나 부활이라는 영광스러운 사건이 일어나자 그제야 그리스도가 어떻게 영광스럽게 승리하셨으며 통치자가 얼마나 비참하게 실패했던가가 드러났다.

그런데 안타깝게도 현대 교회들은 이러한 사실에서 아무것도 배우지 못하는 것 같다. 우리는 아직도 사람이 보는 것처럼 보고 있으며, 사람의 생각대로 판단하고 있다. 소위 선을 위해 부지런히 행하는 종교적인 사업들도 육적인 생각에 따라 이루어진 경우가 얼마나 많았던가! 기도의 시간마저도 사람들의 영광과 계획에 맞추어 축복해 달라는 간청이 얼마나 비일비재하게 일어났던가! 그럼에도 불구하고 최소한의 생계 비용을 위해 눈물로 호소하는 자에게 교회는 돈을 얼마나 지급했던가!

진정한 그리스도인이라면 이러한 모든 것에서 돌아서야 한다. 특히 복음 사역자들은 스스로의 마음을 살펴봐야 하고, 내면 깊은 곳에 있는 숨은 동기를 돌아보아야 한다. 그 어떤 사람도 기꺼이 실패자가 되고자 하기 전까지는 성공할 자격이 없다. 만일 하나님이 바라신다면, 자기 성공의 영광을 기꺼이 다른 사람들에게 돌릴 수 있기 전까지는 그 어떤 사람도 종교적인 활동에서 도덕적으로 성공할 자격이 없는 것이다.

하나님이 성공을 허락하시는 이유가 자기 자신만의 행복을 위한 것이 아니라는 사실을 깨달은 다음에야 비로소 그분은 우리에게 진정한 성공을 허락하신다. 그러므로 성공에 우쭐대는 사람이나 실패에 좌절하는 사람은 아직도 육적인 상태에 있는 사람이다. 그러한 사람이 비록 최선을 다하는 삶을 산다고 해도 그 열매 속에는 벌레가 있게 마련이다.

또한 하나님이 성공을 허락하시는 경우는, 그 성공이 하나님께 더욱 사랑 받는 조건이 된다거나 자신의 가치를 인정받는 이유가 된다는 잘못된 생각에서 자유로울 때이다. 우리는 대중이나 회심자들이나 우리가 파송한 선교사들이나 배포한 성경 등으로 인해 하나님의 총애를 살 수 없다. 이러한 일들은 성령의 도움이 없이도 얼마든지 성취할 수 있는 것들이다. 오늘날의 기독교사회는 좋은 성품과 인간 본성에 대한 약삭빠른 지식만 가지고도 충분히 성공할 수 있는 상황이 되었다.

그러나 우리들의 가장 큰 영광은 예수님과 같아지는 데 있다. 예수님을 영접하는 사람들에게 영접 받고, 예수님을 거절하는 사람들에게는 거절당하고, 예수님을 사랑하는 사람들에게는 사랑 받고, 예수님을 미워하는 사람들에게는 미움을 받을 줄 알아야 한다. 그리스도인에게 이보다 더 큰 영광이 어디 있겠는가?

주를 따르기 위해서라면 자진해서 실패자가 될 수도 있어야 한다. 믿음은 실패를 결코 두려워하지 않는다. 부활과 심판만이 누가 최후의 승자가 되고 누가 최후의 패자가 되는지 보여 줄 것이다. 우리는 기다릴 수 있다.

빛도 비추이고 시력도 받아야 한다

14

프랭클린은 빛은 있었지만 시력은 얻지 못했던 것이다. 시력이 없이는 결코 '세상의 빛'을 볼 수 없다. 세상의 빛을 보기 위해서는 반드시 내면에 성령의 역사가 나타나야 한다.

길을 찾기 위해서는 빛만 있어서는 안 된다. 빛과 함께 볼 줄 아는 시력(視力)도 필요하다.

성경은 도덕적이고 영적인 빛의 근원이다. 시편 기자는 "당신의 말씀에 들어감이 빛이니이다", "주의 말씀은 내 발에 등이요 내 길에 빛이니이다"라고 말하였다.

나는 성경이 처음 주어질 때 완전하게 영감되었다는 것을 믿고 다음과 같은 찬송가를 부를 수 있었다.

우리는 신성한 말씀 속에서
비치는 빛을 찬양하네.
이는 우리 발자취의 등불이 되고
그 등불은 온 세대를 비춘다네.

'빛만으로는 충분하지 않다'는 이 말은 신성한 말씀을 비난하거나, 또는 말씀에 오점이 있다고 지적하는 것이 아니다. 다만, 빛 자체만으로는 충분하지 않다는 말을 하고 싶었을 뿐이다.

빛은 성경에서 간혹 교사들이 '지식'을 말할 때 사용했다. 그래서 무지한 사람들을 이야기할 때 '어둠 속에 있다'라고 표현하기도 했다. 지식이 오는 것은 태양이 떠오르는 것과 같다. 그러나 아침 해가 떠오르더라도 그것을 보는 눈이 없으면 아무 소용이 없다. 시력이 있는 사람만이 태양에서 오는 빛을 이용할 수 있기 때문이다.

빛과 시력 사이에는 큰 차이가 있다. 어떤 사람은 시력이 없기 때문에 빛을 누릴 수가 없다. 바로 맹인이다. 한편 어떤 사람은 빛은 없으면서도 시력을 가지고 있는 사람이 있다. 이런 사람은 일시적인 소경이라 할 수 있지만, 언제든 빛만 비추면 곧 볼 수 있게 된다. 예를 들어 빌립보에 있던 간수장은 좋은 시력을 가지고 있었으나 빛이 없었기 때문에 바울을 알아보지 못했다. 반면 삼손에게는 별빛과 달빛과 햇빛이 모두 있었지만 아무 소용이 없었다. 블레셋 사람들이 삼손의 눈을 멀게 했기 때문이다.

이처럼 시력이 없는 사람은 언제나 밤과 같이 생활하지만, 시력이 있는 사람은 전등만 준비하면 언제나 낮과 같이 생활할 수 있다. 힌두교의 어떤 책에도 이것을 지적하고 있다.

소경은 등불을 갖고 있을지라도
발걸음을 헤맨다네.

그렇다면 이러한 것들이 우리에게 시사하는 바는 무엇일까? 간단히 말해, 종교적인 교훈이 아무리 건전하다 하더라도 그 자체만으로는 충분하지 않다는 것이다. 즉 종교적인 교훈이 빛이 되어줄 수는 있지만, 그렇다고 시력을 회복시켜 주는 것은 아니라는 뜻이다.

성령의 비추심이 없는 말씀만으로는 죄인들을 구원할 수가 없다. 다시 말해, 진리가 없는 구원은 불가능하지만, 구원이 없는 진리는 있을 수 있다는 것이다. 수많은 사람들이 교리 문답은 정성스럽게 배우면서도 내적 조명이 없었기 때문에 아직도 도덕적으로 어둠 속에서 방황하고 있는 것이다.

빛과 시력이 같은 뜻이라고 생각하는 수백만 명의 사람들이 지금도 이런 비극 속으로 들어가고 있다. 눈먼 사람도 닫힌 눈꺼풀을 열고 아름다운 풍경 쪽으로 시선을 둘 수는 있으나 실제로 그의 눈에는 아무것도 보이지 않는 것이다. 마찬가지로 눈먼 마음이 구원하는 진리를 들을 수는 있으나, 그는 아무것도 이해하지 못한다. 바리새인들은 3년 동안이나 직접 '세상의 빛 되신 이'를 보았다. 그러나 그 빛의 어떤 빛줄기도 그들의 존재 속으로 들어가지 못했다. 빛 자체만으로는 충분하지 못한 것이다.

예수님의 제자들은 성경을 통해 배웠다. 예수님이 직접 모세와 선지자들과 시편 기자들의 말을 가르쳤지만 제자들이 진리를 파악하고 깨닫기 위해서는 먼저 그들의 내면이 '열려야'(opening) 했다.

"이에 저희 마음을 열어 성경을 깨닫게 하시고"(눅 24:45). 바울이 빌립보에서 전도할 때 하나님을 공경하는 루디아라는 한 여인이 말씀을 듣고, 믿고, 세례를 받은 후에 즉시 자기 집을 바울에게 내놓았다. 한 절 말씀으로 아주 간단하게 이 모든 일을 설명하고 있다. "주께서 그 마음을 열어"(행 16:14). 루디아는 빛뿐만 아니라 시력도 받았던 것이다.

바울 사도는 이 사실을 대단히 일찍 깨닫고서 "모든 사람이 다 믿음을 가진 것이 아니다"라는 말을 하기도 했다. 그는 왜 그렇게 되는지 그 이유를 알고 있었던 것이다.

"만일 우리 복음이 가리웠으면 망하는 자들에게 가리운 것이라 그 중에 이 세상 신이 믿지 아니하는 자들의 마음을 혼미케 하여 그리스도의 영광의 복음의 광채가 비취지 못하게 함이니 그리스도는 하나님의 형상이니라"(고후 4:3-4).

사탄은 사람들이 보는 능력이 없을 때는 빛을 두려워하지 않는다. 깨닫지 못하는 머리로는 아무리 진리를 접한다 하더라도 아무런 영향을 받지 못하기 때문이다. 물론 지적인 사람은 구원의 진리를 파악할 수도 있다. 그러나 보는 능력이 없다면 구원의 진리를 파악했더라도 도덕적으로 그 어떤 반응도 나타내지 못한다.

이러한 문제에 대한 고전적인 예를 벤저민 프랭클린과 조지 휫필드(Benjamin Franklin & George Whitefield)의 이야기에서 찾아볼 수 있다. 프랭클린은 그의 자서전에서 자신이 능력 있는 부흥사의 설교를 어떻게 듣고 있었는지 상세하게 기록해 두었다.

프랭클린은 휫필드가 자신의 목소리가 얼마나 멀리까지 들리는지 알아보기 위해 서 있던 광장 주위에서 서성였다. 휫필드는 프랭클린에게 개별적으로 그리스도가 필요하다는 사실에 관하여 이야기해 주고 그를 위해서 기도해 줄 것을 약속했다. 그러나 수년 후에 프랭클린은 그 부흥사에게 "당신이 해 준 기도는 아직도 내게 별 효험이 없습니다"라는 슬픈 소식을 전했다. 그때까지 프랭클린은 회심하지 못했던 것이다.

프랭클린이 지적으로 얼마나 명민한 사람인지는 누구나 다 알 것이다. 뿐만 아니라 휫필드도 프랭클린에게 진리 전체를 잘 전달

했다. 그러나 프랭클린에게는 아무 일도 일어나지 않았다. 왜 그랬을까? 프랭클린은 빛은 있었지만 시력은 얻지 못했던 것이다. 시력이 없이는 결코 '세상의 빛'을 볼 수 없다. 세상의 빛을 보기 위해서는 반드시 내면에 성령의 역사가 나타나야 한다. 그러나 벤저민 프랭클린은 아직 그것을 받지 못했던 것이다.

구원에 이르는 믿음이 되려면 성령의 내적 역사가 필요하다. 복음은 빛이다. 그러나 성령만이 시력을 주실 수 있다. 때문에 우리가 잃어버린 자를 그리스도 앞으로 인도하려고 할 때는 그들이 빛을 볼 수 있는 시력도 허락해 달라고 기도해야 한다. 아울러 사람들의 마음을 어둡게 만드는 어둠의 영들에 대항해서도 기도해야 한다.

현재 처한 상황을 받아들이고, 또한 감사하라

15

현재 당신이 처한 상황들을 하나님이 정해 준 것으로 받아들이고 진심으로 감사하라. 당신이 조절할 수 없는 것들에 대해서 더 이상 괴로워하지 말라. 당신 스스로 부단히 노력하라. 그러면 하나님은 우주를 돌아보실 것이다. 이러한 단순한 철학을 가지게 되면 당신의 영혼은 놀라운 평안을 얻게 될 것이다.

칼라일(Carlyle)은 마가렛 풀러(Margaret Fuller)가 "우주를 용납하기로 했다"는 이야기를 듣고는 폭소를 터뜨렸다. 그러고는 "그러면 그녀가 더 나아지겠군"이라고 외쳤다. 그녀는 우주를 받아들였다. 우리 또한 그렇게 했다.

이러한 생각은 어떤 사람이 전혀 유쾌하지 못한 환경에 처해 있으면서도 '어떻게 그처럼 지속적인 평정을 유지할 수 있는가' 하는 질문을 받을 때 확연히 드러날 것이다. 그의 대답은 단순하지만 의미심장하다.

"나는 피할 수 없는 것과는 협력하는 법을 배웠기 때문입니다."

이 사상은 너무나 현명하고 실제적이다. 그런데 오늘날 그리스도인은 어떻게 그처럼 완전하게 이 문제를 등한시하면서 살아가는지 모르겠다. 우리가 이 점을 등한시하고 있다는 것은 일상의 행동이나 대화 속에서 나타난다. 그리스도인 가운데 어떤 이들은 '우리 모두가 하나님의 뜻에 다 굴복하지 않으면 안 된다'는 것을 머리로는 믿고 있으면서도 삶에서는 '가시들을 향하여 발길질'을 계속하고 있다.

스토아 철학자 가운데에는 이 문제의 비밀을 그리스도인보다 더욱 잘 깨닫고 있는 사람들이 있다. 예를 들면, 에픽테투스(Epictetus)는 인생에서 자신의 환경을 싫어한다든지 운명을 불평하려 들지 않았다. 그는 그렇게 하는 것은 하나님께 대항하여 반발하는 것이라고 생각했다. 그의 가르침에 따르면 인간은 자신이 조정할 수 없는 세계에 놓여 있기 때문에, 이 세상이 취하는 방향에 대해서는 하나님께 해명할 책임이 없다는 것이다. 악한 사람들이 행하는 것이 선한 사람들의 평안함을 혼란시켜서는 안 된다.

다만 이런 것들은 외부 세계에 속한 것들일 뿐이다.

문제가 되는 것은 내면의 것이다. 왜냐하면 내면 세계만이 우리 스스로 조정이 가능하고, 또 책임질 수 있기 때문이다. 내적인 세계는 우리의 생각과 정서로 구성되어 있고, 우리의 의지에 따라 이끌려 간다. 환경은 우리가 결정할 수 없지만, 그것에 대한 반응은 결정할 수 있다. 바로 이곳에서 투쟁이 이루어져야 하고, 투쟁 끝에 승리를 얻어야 하는 것이다.

지금 나는 그리스도인에게 숙명론을 가르치는 것도 아니고, 인간의 자유 의지를 부정하는 말을 하는 것도 아니다. 다만 그러한 자유를 강조하는 것이다. 우리는 우주를 조정할 수는 없지만 그에 대한 우리의 자세는 조정할 수 있다. 우리는 어느 곳에서건 하나님의 뜻을 받아들이며 그분을 향한 경외심을 가질 수 있다.

만일 내 뜻이 하나님의 뜻을 행하는 것이라면 나의 일상생활에서 오는 어떤 것도 논쟁거리가 될 수 없다. 험악한 날씨, 불쾌한 이웃, 신체 장애, 불리한 정치 조건 등을 모두 하나님의 뜻으로 받아들이고 거기에 굴복할 수도 있다.

그리고 하나님께서 적합하게 변화시키신 것으로 그와 같은 것들을 받아들일 수 있다. 그러한 것들은 하나님 자신의 주권적인 예비하심에 의해서든지, 혹은 믿고 기도하는 것에 대한 응답으로 오는 것이든지 둘 가운데 하나다.

'우주를 용납한다'는 것은 어떤 악조건도 운명이라고 받아들인

나머지 개선을 위해 아무런 노력도 하지 않는다는 뜻이 아니다. 만약 그렇게 가르친다면 이는 성경의 분명한 가르침을 삭제하는 일이 될 것이다. 하나님의 뜻을 거스르는 상황이 있고, 거기에 관련된 분명한 약속이 성경에 있을 때, 상황을 변화시킬 수 있도록 기도하고 노력하는 것은 우리의 특권이자 의무다.

예를 들어 병에 걸렸다고 하자. 그 병을 피할 수 없는 것으로 받아들여 아무 일도 하지 말아야 하는가? 우리는 그것을 하나님의 계획하심 안에서 생각하며 그의 뜻으로 알고 건강 회복을 위해 간구해야 할 것이다. 이때 중요한 것은 병으로 인해 실망하거나 화내지 말고 뭔가 하나님의 뜻에서 벗어난 것이 없는지 찾는 일이다.

만약에 성경의 어떤 분명한 명령을 불순종한 결과로 온 것이라면, 그것을 고백해야 하며 말씀이 지시하신 것이 무엇이건 그대로 순종해야 한다. 그래야 비로소 다시 하나님의 뜻 가운데 서게 될 것이고, 우리 생애도 본궤도로 진입하게 될 것이다.

그러나 만일 이때 우리가 덫에 걸린 짐승처럼 짜증을 내고 불평만 한다면, 이는 하나님이 우리의 삶 속에서 계획하신 전체 훈련의 목적을 놓쳐 버리는 꼴이 될 것이다. 하나님께서는 치료하시고 사태를 변경시키시는 분이지만, 환경의 덫에 빠져 자기 앞에 닥친 고난을 핑계 삼아 스스로 불쌍하게 여기는 불평 많은 이들에게는 그렇게 하시지 않을 것이다.

비록 믿음의 기도가 우리로 하여금 전능하신 하나님을 붙잡을 수 있게 해 주고, 많은 기적적인 변화를 갖다 주는 것은 사실이지만 기도로도 변화시킬 수 없는 것이 있다. 이런 것들은 우리의 기도 영역 밖에 있으므로, 그것을 우리를 위한 하나님의 현명하신 뜻으로 알고 감사함으로 받아들여야 한다.

삶을 살아가면서 '~였더라면 좋을 텐데'라는 마음을 품는 순간이 수없이 많을 것이다. 그러나 그리스도인에게는 부질없는 바람이란 있을 수 없다. 그 자체가 하나님의 우주 속에 있는 그분의 방법에 대항하는 것이기 때문이다. 우주를 받아들이자.

다시 말하지만 당신은 자신을 받아들여야 한다. 그리고 더 이상 죄를 행치 말아야 한다. 뿐만 아니라 당신 자신에게는 부끄러워해야 할 아무것도 없다는 사실을 받아들여야 한다. 당신의 있는 모습 그대로가 당신의 됨됨이고, 당신의 신분이기 때문이다.

당신은 특별한 혈통을 이어받았다. 당신은 독특한 성, 종족, 피부색, 신장을 가졌다. 또한 당신은 역사 속의 다른 어떤 시기가 아닌 현재라는 특별한 시간 속에 태어나 존재하고 있다. 이러한 일들, 다시 말해서 현재 당신이 처한 상황들을 하나님이 정해 준 것으로 받아들이고 진실하게 감사하라. 당신이 조절할 수 없는 것들에 대해서 더 이상 괴로워하지 말라. 당신 스스로 부단히 노력하라. 그러면 하나님은 우주를 돌아보실 것이다. 이러한 단순한 철학을 가지게 되면 당신의 영혼은 놀라운 평안을 얻게 될 것이다.

일상이
'주를 위한' 삶이 되게 하라

16

삶이 오직 주의 영광만 되도록 헌신하라. 삶의 원동력이 자신에게서 하나님께로 옮겨지게 하라. 매일 행하는 행동의 이유가 우리 자신도 아니고, 가족이나 나라나 교회도 아니고, 그리스도와 그분의 영광이 되도록 하라. 그리스도로 하여금 모든 일에 우선권을 가지시게 하라.

어느 기독 시인이 지은 비교적 긴 찬송가 가사 가운데 이런 내용이 있다.

간단하고 짧게 말해,

당신은 일상적인 삶의 모든 것을
하나님이 받으실 만한 헌물로
변화시킬 수 있다네.

여기서 간단하고 짧게 말한 것은 바로 '주를 위하여'이다. 이 찬송가는 요즈음 그리스도인에게는 그리 친숙하지 않다. 옛날 형식인 데다가 멜로디도 느려서 바쁘게 서두르는 오늘날의 분주한 신자들 마음에는 어색하게 느껴질 것이다. 만약 이 찬송가를 그들 손에 건네준다면 아마 천 명 가운데 한 명도 제대로 읽어 보지 않을 것이 확실하다. 하지만 이 단순한 메시지에는 참으로 놀라운 진리가 담겨 있다.

오늘날 그리스도인들은 일상적인 것을 거룩하게 만드는 법을 배워야 한다. 이 세대는 향락에 빠져 있다. 사람들은 지나치게 많은 자극을 받은 탓에 신경이 지쳐 있고, 취향 또한 타락했다. 인공적인 것들이 자리를 차지하는 바람에 자연적인 것들은 설자리를 잃어버렸다.

신성한 것들이 세속화되었고, 거룩한 것들이 저속하게 되었으며, 예배도 유흥의 형태로 변모하고 말았다. 흐리멍덩하고 게슴츠레한 눈동자를 가진 이 세대는, 닳고 마비된 감각에 스릴을 가져다 줄 수 있는 강력하고 새로운 흥분거리들을 계속 찾고 있다. 이 때문에 어찌나 많은 놀라운 것들이 발견되고 또 발명되었던지, 이제는 웬만한 것으로는 더 이상 놀라지도 않는다. 오히려 모든 것들이 진부하기만 하고, 모든 것들이 싫증이 날 지경이다.

싫든 좋든 이것이 우리가 사는 현실이다. 그리고 우리에게는 이 현실 속에서 경건하고 의롭고 거룩하게 살 책임이 있다. 그런데 이런 현실에서의 위험은, 우리 주변에 사는 헷 족속과 여부스 족속의 타락한 취향과 견해가 우리에게 영향을 끼치도록 너무 많이 허용했다는 것이다. 즉 앞서간 이스라엘처럼 우리 또한 그들의 방법을 배워 파멸에 이를 정도로 심각한 지경에 처해 있다.

전체적인 분위기가 이처럼 세속화되어 버린 이때에 우리는 과연 이런 치명적인 영향으로부터 안전할 수 있을까? 어떻게 하면 일상적인 것들을 거룩하게 하고, 삶 속에서 영적 의미를 바로 찾을 수 있을까? 해답은 이미 제시되었다. 삶 전체를 그리스도께 바치고 모든 일을 주의 이름으로, 또한 주를 위하여 해야 한다.

페늘롱(Francois Fénelon)은 우리의 행위를 하나님께 용납받기 위해서 따로 직업(정직한 직업이라면)을 바꿀 필요는 없다고 말한다. 대신 그동안 자신을 위해 해 오던 모든 것을 오직 그리스도를 위하여 하라고 조언한다. 그래야 그분께서 용납하신다는 것이다.

어떤 이들에게는 이것이 너무 단순하고 평범하게 느껴질 수 있다. 우리는 하나님을 위하여 큰일을 행하기 원하며, 그리스도인과 세상 사람들의 관심을 끌 만한 엄청난 헌신에 자신의 삶을 던지고 싶어 한다. 보통 영적인 일들 하면, 화형대에서의 후스(Huss), 보름스 국회에서의 루터(Luther), 아프리카 대륙에서의 리

빙스턴(Livingstone) 등을 떠올린다. 우리같이 단순하고 평범한 그리스도인들이 어떻게 그와 같은 영웅적 경지에 도달할 수 있겠는가? 부양해야 할 가족이 있고, 매일 매일 똑같은 일상과 특별히 죽거나 투옥당할 아무런 위협도 없는 삶 속에서 어떻게 하나님이 받으실 만한 삶을 살 수 있단 말인가? 하늘에 계신 우리 아버지의 마음을 만족시키기 위해서 우리가 할 수 있는 일은 과연 무엇이란 말인가?

그 해답은 우리 가까이 있다. 먼저 마음의 왕좌가 있는 방을 비운 뒤 예수님을 그 왕좌에 앉으시게 하라. 관심을 집중했던 모든 것을 내려놓고 예수님께 관심을 집중하라. 그리고 주인공이 되고 싶은 모든 바람을 버려라. 당신의 모든 것 속에서 예수님이 모든 것이 되시게 하고, 스스로가 점점 작아지도록 노력하라.

또한 삶이 오직 주의 영광만 되도록 헌신하라. 삶의 원동력이 자신에게서 하나님께로 옮겨지게 하라. 매일 행하는 행동의 이유가 우리 자신도 아니고, 가족이나 나라나 교회도 아니고, 그리스도와 그분의 영광이 되도록 하라. 그리스도로 하여금 모든 일에 우선권을 가지시게 하라.

이 모든 것이 너무 단순해서 당신의 눈에는 진실이 아닌 것처럼 보일지도 모르지만, 성경과 체험은 그것만이 일상적인 것들을 거룩하게 만드는 유일한 길이라고 확실히 말하고 있다. '주를 위하여' 할 때만이 보잘것없는 작은 것들도 영원한 의미를 가지게 된다. 그리고 습관적인 일상의 낮은 길이 이러한 원리에 의해서 밝고 높은 길로 변하게 된다. 그럴 때 우리 일상생활의 지루한 일들이 섬김이 될 것이고, 우리가 매일 하는 수많은 짜증스런 의무들이 예수 그리스도로 말미암아 하나님이 받으실 만한 헌물과 희생물이 될 수 있다.

그 어떤 헌물도 하나님의 아들의 이름으로 드려지면, '너무 작은 헌물'이란 없어지게 되는 것이다. 무엇이건 예수님을 위해서 하나님께 드리는 헌물은 가장 큰 헌물이 될 수 있다. 그리스도를 위해서 죽을 수는 없다고 할지라도 그리스도를 위하여 살 수는 있다. 때로는 이것이 더욱 영웅적인 것이 될 수도 있고, 더 큰 상급을 받을 만한 일이 될 수도 있다.

'주를 위하여.' 이 말은 참으로 놀라운 말이다. 이것이 마음과 입에서 진실하게만 된다면 물을 포도주로 변하게도 할 수 있고, 저질의 금속을 황금으로 변하게도 할 수 있을 것이다.

하나님을 시간과
공간으로 제한하지 말라

17

하나님의 형상으로 만들어진 한 영혼이 하나님께는 별이 총총한 우주보다도 더욱 귀하다는 것이 참진리다. 천문학은 공간과 물질과 운동을 다루는 반면, 신학은 생명과 개성과 존재의 신비를 다룬다.

하나님께서는 질(質)은 중요하게 여기시는 반면 크기는 별로 문제 삼지 않으신다. 양적인 것의 가치를 인정하지 않고서 보면, 크기는 아무것도 아닌데 반해 질은 매우 중요함을 알 수 있다.

크기는 오직 물질에만 적용되는 말이다. 이것을 알고 나면 이해하기가 훨씬 쉽다. 크기란 차원과 관련이 있다. 또한 피조된 물건의 무게, 수와 관계가 있다. 하나님은 크기가 없다. 때문에 물질의 속성은 그 어느 것도 하나님께 적용될 수 없다.

하나님께 크기를 속성화시킨다는 것은 그분에게 등급을 부여하는 것이나 다름없다. 그러나 하나님은 결코 그렇게 되실 수 없는 분으로서, 이러한 개념은 오직 피조된 물질에만 적용이 가능하다. 무한(無限)이란 뜻은 클 수도 작을 수도 없는 것이고, 많거나 적을 수도 없는 말이다. 이처럼 하나님은 '제한이 없으신 분'으로서 무한한 존재이시다. 즉 "나는 스스로 있는 자니라" 하는 말은 하나님이 자신이 창조되지 않았음을 알리시기 위해, 창조된 지성(知性)에게 생각하게 하셨던 방법이다.

이런 맥락에서 질을 말한다면, 질은 순수한 존재와 관련이 있는 것으로서 본질성을 가지며, 정도라는 개념을 허용치 않는 말이라 할 수 있다. 그러므로 우리는 하나님께 질은 말할 수 있지만 크기는 말할 수 없다.

하나님은 자신의 형상대로 사람을 만드시고, 그들에게 지능과 감정을 주시고, 동시에 도덕적 감지력을 주셨으며, 자신의 창조자를 알고 경배할 수 있는 능력도 주셨다. 이와 같은 속성은 존재의 질을 결정짓는 것이고, 이것 때문에 사람이 자기 주위에 있는 세계로부터, 그리고 스스로의 육체로부터 구별될 수 있는 것이다.

물질로 이루어진 육체는 공간, 무게, 형태 속에서 일정 범위를 갖고 있으나, 육체만으로는 생각하고 느끼고 사랑하고 동경하고 경배하는 능력이 없다. 특히 의지의 능력이 없기 때문에 육체는 그 어떤 형태로든 도덕적이고 영적인 질이 있을 수 없다. 육체는 질이 아니기 때문에 그 자체만으로는 아무것도 아니다. 만약 육체에 의미가 있다면, 그것은 하나님의 형상대로 지음을 받은 인간이 잠시 동안 빌린 것이라는 데 있다.

인간이 도덕적으로 타락한 까닭에 인간의 비전은 어두워졌으며, 그의 사고에는 혼돈이 생겼고, 미혹에 빠지게 되었다. 이에 대한 증거는 인간의 가치관이 치료할 수 없을 만큼 저속화되어 질보다 크기를 우선시한다는 점이다.

기독교 신앙은 이러한 질서와는 반대 방향을 취하고 있으나 아직도 많은 그리스도인이 옛날 아담의 통치 방식대로 일 처리를 하고 있다. 일을 평가할 때면 '얼마나 큰가? 얼마나 많은가? 그리고 얼마나 여러 가지인가?' 등의 질문을 던진다. 왜냐하면 이런 것들이 물질, 운동, 시간, 공간의 세계 속에서는 분명한 의미를 가지고 있기 때문이다.

그러나 이런 것들은 영의 세계에서는 아무 의미도 없다. 그럼에도 우리는 이것들을 너무나 자주 하나님 나라로 가지고 온다. 아직 우리의 생각이 완전하게 새로워지지 못했기 때문이다.

문제는 우리가 세상 사람들과 똑같이 생각한다는 것이다. 우리는 하늘나라의 풍미를 가진 것이 아니라 세상의 풍미를 가졌고, 우리의 심리 상태는 그리스도의 것이 아닌 아담의 것으로 채워졌다. 그런데도 우리는 자신들을 복음주의자라고 주장하고 있다. 그러나 부끄럽게도 이방 철학자들이 우리보다 훨씬 영적인 생각을 가지고 있다. 소크라테스(Socrates), 에픽테투스(Epictetus), 마르쿠스 아우렐리우스(Marcus Aurelius), 그 밖에 많은 이들이 우리를 대항할 수 있는 증인들이다. 그들은 신약성경의 빛을 가지고 있지는 못하지만, 그 빛을 가지고 있는 우리들보다 더욱 현명하다. 기독교 신앙은 존재의 질이 모든 것이 되는 영적인 곳이다.

"아버지께 참으로 예배하는 자들은 신령과 진정으로 예배할 때가 오나니 곧 이때라 아버지께서는 이렇게 자기에게 예배하는 자들을 찾으시느니라"(요 4:23).

예수님은 유대인이나 사마리아인이나 모두 예배에 알맞은 장소가 어디인가 하는 문제를 논쟁하느라 얼마나 길을 잃고 헤매게 되었는지 보여 주기 위해 이 이야기를 하셨다.

도시의 아름다움도 산천의 거대함도 아버지께는 문제가 되지 않는다. 다만 진리와 영과 그 주위에 모일 수 있는 여러 가지 도덕적 질(質), 이러한 것들이 모든 점에서 모든 것이 되는 것이다.

크리스천 대학생 가운데는 과학을 배우고 나서 신앙이 뒤흔들렸다고 말하는 사람들이 간혹 있다. 천문학에 관한 강의를 몇 차례 듣고 망원경으로 천체를 한번 보고 나면, 정돈되어 있던 그들의 작은 우주는 부서지기 시작한다. 천체들의 거대함과 공간의 광대함이 그들을 사로잡은 것이다.

지구는 광대한 우주의 한 점에 지나지 않으며, 인간이란 한낱

지구 표면에 붙어 있는 한없이 작은 점에 불과하고, 하나님은 가장 멀리 있는 별들 너머에 수십 억 광년이나 떨어져 계신 것 같은데, 도대체 이런 하나님이 어떻게 인간이 되실 수 있으며 우리 가운데 사실 수 있단 말인가? 그리고 이러한 인간, 의미 없고 불행할 정도로 짧게 사는 인간에게 무슨 가치가 있단 말인가?

이런 생각은 크기와 질을 혼돈하는 데서 비롯된 것으로, 지존자이신 하나님을 열등하게 생각하는 것이다. 하나님을 물질과 같게 보는 것이고, 하나님을 시간과 공간의 하인으로 만드는 일이다. 신성의 개념을 퇴락시키는 것이고, 자칫 불신앙에 제물로 바쳐질 수도 있다.

하나님의 형상으로 만들어진 한 영혼이 하나님께는 별이 총총한 우주보다도 더욱 귀하다는 것이 참진리다. 천문학은 공간과 물질과 운동을 다루는 반면, 신학은 생명과 개성과 존재의 신비를 다룬다.

시인 다윗은 체구가 작은 보통 사람으로, 유대의 큰 산들에 비해 너무나 작았기 때문에 골짜기 틈바구니에서 찾으려고 들면 천년이 걸려도 못 찾을 수도 있는 그런 인물이다. 그것이 크기이다. 그러나 그는 어느 날 저녁 영감 어린 목자의 시를 적게 된다. 그것이 질이다. 그리고 전 세계 수많은 성도들이 1년 내내 그 시편을 노래하고 있다. 이것이야말로 얼마나 귀중한 것인가!

교회는 중요한 일을 위해 세워졌다. 질이 중요하다. 일의 크기 때문에 멸망으로 인도되는 일이 없도록 주의하자.

진리의 빛은 하나님을 경외하는 이에게 비추인다

18

성령께서는 누구에게 말씀하시든, 어떤 교리적 강조점이나 어떤 신학을 통해서 말씀하시든 동일한 것을 말씀하신다. 성령께서는 경외심을 가진 사람에게 그리스도의 아름다움을 비춰 주신다. 경외심을 가진 영은 진리를 순수하게 받아들인다.

기독교 신앙에서 정결한 것을 찾기란 쉽지 않다. 세계 역사를 살펴보더라도 그리스도나 성령으로 사로잡힌 바 된 사도들 말고는 완전히 정결하게 진리를 지킨 신자나 교회는 찾아보기 힘들 것이다.

한 위대한 성도는, 진리는 너무 방대하고 강력해서 어느 개인이 미처 다 받아들이기는 힘들다고 믿었다. 그래서 하나님께서 계시하신 진리를 모두 드러내기 위해서는 구원받은 모든 영혼들이 필요하다고 덧붙였다.

진리를 알 수 있는 빛이 수많은 사람들과 여러 나라에 충만히 비추면서 하나님도 찬송을 받으셨고, 많은 인간이 영광 가운데 천국으로 갈 수 있게 되었다. 그러나 제 아무리 순결하고 순종하는 사람이라 하더라도 그 자신의 마음이 변화되지 않은 상태로는 보좌로부터 비추이는 진리를 받아들일 수 없다. 진흙덩어리를 만지는 사라의 손과 같은 이치다. 진흙덩어리를 손으로 움켜쥐면 진흙은 그대로이나 그 위에 사람의 손자국이 날 수밖에 없는 것처럼, 하나님의 진리도 사람의 생각으로 움켜쥐면 진리는 그대로 있으나 그 위에 움켜잡은 생각의 형상이 남는 것이다.

생각이 꽉 닫혀 있는데 어떻게 진리가 비집고 들어가겠는가? 진리를 받아들이기 위해서는 반드시 지성이 능동적으로 반응해야 한다. 다만 그 과정에서 진리가 다소 변질되기도 한다. 프리즘을 통과할 때 태양 광선이 구부러지듯이 하나님의 빛도 인간들의 마음을 통과할 때 구부러지는 것이다. 죄, 기질, 선입관, 초기 교육, 문화적 영향, 유행 등 이러한 모든 것들이 마음의 눈을 초점에서 어긋나게 만들고, 비전을 왜곡시킨다.

물론 여기서 말하는 진리는 신학적이고 종교적인 의미를 지닌

다. 이 진리가 정해진 시간에 어떤 장소에서 얼마나 순수하고 정결한가 하는 문제는 그 진리를 붙잡고 있는 사람이 도덕적으로 어떤 수준인가, 그리고 교회에서는 일반적으로 어떻게 행해지고 있는가에 따라 드러나게 된다.

영적 진리(성령이 인간의 영에 밝혀 주시는 것)는 언제든지 동일하다. 성령께서는 누구에게 말씀하시든, 어떤 교리적 강조점이나 어떤 신학을 통해서 말씀하시든 언제나 동일하게 말씀하신다. 성령께서는 경외심을 가진 사람에게 그리스도의 아름다움을 비춰 주신다. 경외심을 가진 영은 진리를 순수하게 받아들인다.

웨슬리(Wesley)와 와츠(Watts)는 신학적으로는 서로 입장이 달랐지만 서로 사랑했으며, 실제로 사랑하였고, 순수한 마음으로 경배드리고, 경외심 가득한 찬송가를 불렀다. 신학적인 관점은 서로 달랐지만, 섬기는 일에 있어서는 성령께서 연합케 하셨다.

모든 세대는 기독교 신앙을 그 시대에 적합한 모습으로 해석해 왔다. 19세기에 불일 듯하던 미국 부흥가들의 신앙은, 초대 교부들이나 중세 신비주의자들이나 루터의 신앙과는 다른 것이었다. 4세기, 아리아인의 공격으로부터 기독교를 보호하기 위하여 니케아(Nicea)에서 만났던 감독들은, 기독교를 20세기의 고등 비평가들로부터 보호하기 위하여 일어선 성도들이나 학자들과는 또한 근본적으로 차이가 있었다.

신학도 철학과 마찬가지로 유행을 따르는 경향이 있다. 중세 기독교 교사들은 생의 공허함과 신체의 타고난 약함에 강하게 짓눌려 있었다. 미국 초창기에는 중요한 교리가 지옥이었다. 그리하여 당시 인기 있는 설교자들은 그 무서운 지옥을 영감을 받고 성경을 쓴 성서 저자들보다도 더욱 상세하게 설명했다. 최근에는 하나님이 사랑이심을 다시 발견하게 되었고, 인간에 대한 하나님의 사랑을 설교와 찬송의 주된 주제로 삼고 있다.

현재는 또 다른 과도기에 처해 있다. 이러한 때에 우리가 어디로 가고 있는지 방향을 아는 사람은 복 있는 사람이다. 신학이 어떤 방향을 취하든지 간에 두 가지는 확실하게 믿을 수 있다.

우선 한 가지는 하나님께서는 증인을 남겨 두시고 떠나신다는 것이다. 언제든지 기독교 교리에 관해 하나님의 영감을 받아 그 기본 진리는 변하지 않는 순전한 그리스도에 관한 신조를 가진 자가 몇 명씩은 꼭 있다. 구원에 이르는 진리는 사람들의 시야에서 결단코 완전하게 가리워지지 않는다. 동일하게 가난한 자들, 참회하는 자들은 그리스도께서 그들을 구원하시기 위해 언제든지 가까이 계시다는 것을 알게 된다.

또 다른 한 가지는 성령께서는 시대를 거쳐 내려오는 정통성이라는 본질을 진실하게 지키시는 분으로서, 온유하고 신뢰하는 영혼들에게는 똑같은 것을 언제든지 동일하게 말씀하신다는 것이다. 빛을 받은 마음들은 빛이 내리쬐는 그 지점에서 언제든지 의견이 일치한다. 진정 두려워해야 할 것은 우리 스스로 복 되신 성령을 침묵하시게 만드는 일이다. 그렇게 되면 자칫 지성은 우리 뜻대로만 살려고 들 것이다. 그 결과 기독교 학자는 많이 얻겠지만, 하나님을 진정으로 경외하는 성도는 만날 수 없게 될 것이다. 논리와 학식으로 반대자들을 놀라게 하는 신앙의 방어자들을 얻을 수는 있어도, 선지자들이나 주의 신비로운 비밀을 아는 자들이나 아름다운 찬송을 작곡하는 이들은 얻지 못할 것이다. 잘 다듬어진 떨기나무는 가질 수 있을지 모르나 그 떨기나무에는 불꽃이 없을 것이다.

진리는 언제까지나 동일할 것이나 그 모형과 강조점, 해석들은 달라진다. 그리스도께서 어떤 종족이든, 어떤 연령의 사람들에게든 모두 받아들여질 수 있다는 것은 얼마나 기쁜 일인가! 그리스도께서는 남녀 불문하고, 또한 그들이 강조하는 교리나 종교적 관습에 상관없이, 그리스도를 그리스도로서 택하고 신뢰하려는 세상 모든 이들에게 생명과 빛을 주실 것이다.

성령께서는 그리스도에 관해 논쟁하는 데는 결코 증거하시지 않으나 십자가에 죽으셨다가 장사지낸 바 되고, 지금은 높은 보좌 오른편에 올라가신 그리스도에 대하여 선포하는 데는 결코 증거를 실패하신 적이 없다.

결론적으로 말한다면, 우리는 자신이 진리를 전부 가지고 있다고 착각해서도, 우리는 아무것도 틀린 일이 없다고 가정해서도 안 된다는 것이다. 우리는 진리이신 그분의 발밑에 경외함으로 무릎을 꿇을 수밖에 없으며, 그의 말씀들에 겸손하게 순종함으로써 그 분만을 공경해야 할 것이다.

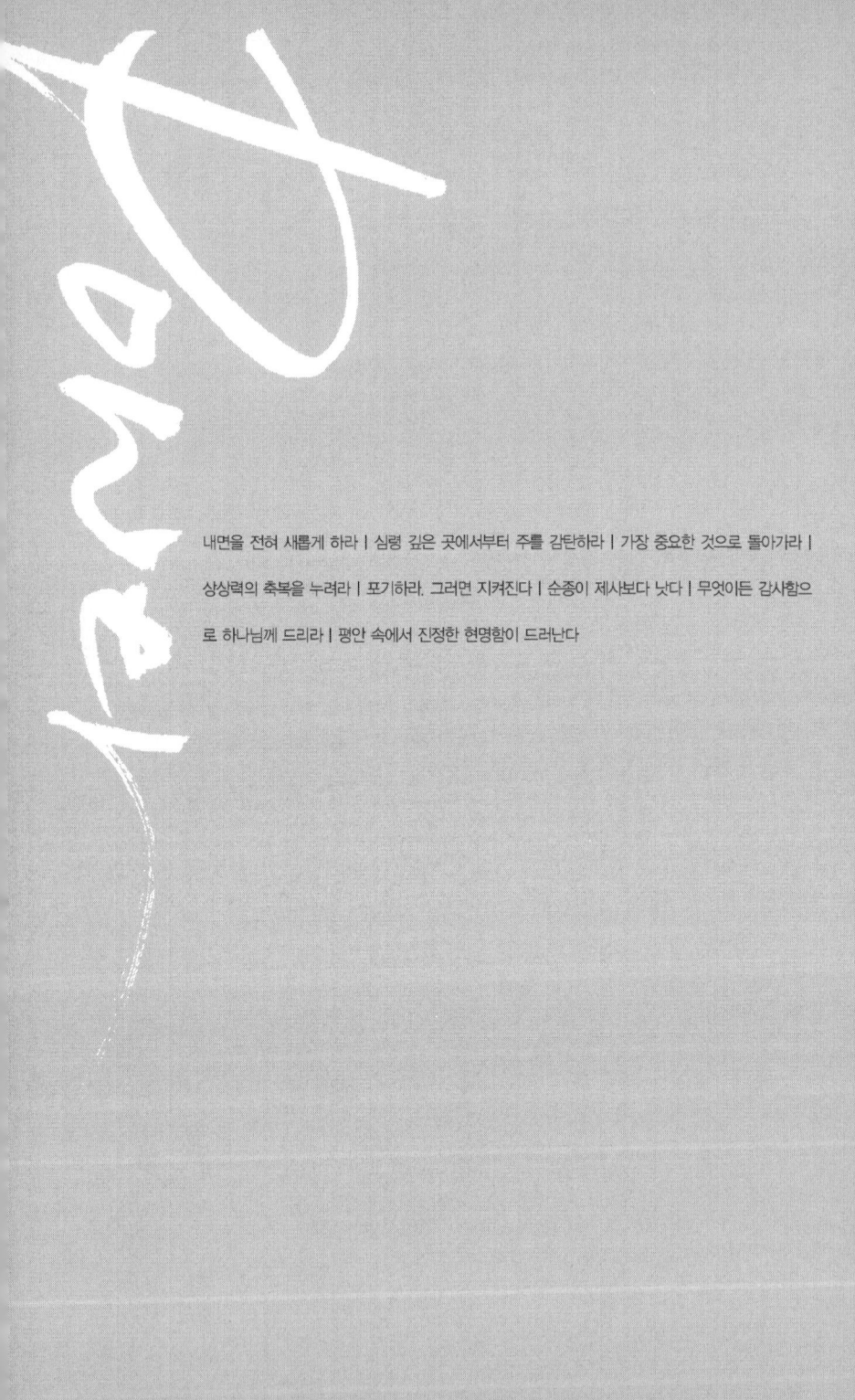

내면을 전혀 새롭게 하라 | 심령 깊은 곳에서부터 주를 감탄하라 | 가장 중요한 것으로 돌아가라 | 상상력의 축복을 누려라 | 포기하라, 그러면 지켜진다 | 순종이 제사보다 낫다 | 무엇이든 감사함으로 하나님께 드리라 | 평안 속에서 진정한 현명함이 드러난다

제3부
순종이 제사보다 낫다

내면을
전혀 새롭게 하라
19

하나님은 거룩하신 분이므로 하나님과의 교제 속에 죄를 용납하시지 않는다. 죄인이 그리스도 예수 안에 있는 구속을 통해 되돌아올 때에만 용서하시고, 율법을 어긴 죄를 정죄하지 않으신다.

그리스도께서 구세주로서 하시는 사역은 두 가지다. 백성을 죄로부터 구원하고, 그리고 죄 때문에 멀어졌던 하나님께로 백성을 영원히 돌아오게 하는 것이다.

하나님은 거룩하신 분이므로 하나님과의 교제 속에 죄를 용납하시지 않는다. 죄인이 그리스도 예수 안에 있는 구속을 통해 되돌아올 때에만 용서하시고, 율법을 어긴 죄를 정죄하지 않으신다.

은혜가 끝이 없고 하나님의 자비하심이 무한하다 할지라도 정결한 존재가 정결치 못한 존재와 교제하는 것은 불가능하다. 우주가 건강하기 위해서는 하나님께서 어둠으로부터 빛을 갈라 놓으셔야 하고, 또한 최후에는 모든 죄인들에게 "불법을 행하는 자들아 내게서 떠나갈지어다"라고 말씀하셔야 한다.

이는 내가 처음 말하는 내용이 아니다. 모든 신학자들은 인간이 하나님과 교제하기 위해서는 먼저 도덕적으로 온전한 행위를 드릴 수 있도록 내면의 원천까지 정결해져야 한다는 것을 알고 있었다. 즉 신자의 성품이 새로워져야 한다는 것이다. 찬송가에서도 이러한 문제를 깨닫고 갈등을 겪는 내용이 있고, 또한 이에 대한 해답을 발견하고 하나님께 감사하는 장면도 있다.

빈니(Binney)도 이 문제가 얼마나 중요한 것인지 깨달았다. 그래서 그리 유명하진 않지만 깊이 있는 영적 찬송으로 해결 방법을 제시했다.

영원한 빛, 영원한 빛이시여!
당신의 시야에 들어가려면
영혼이 정결해야 함을 압니다.
정결한 영은 위축되지 않는 동시에
잔잔한 기쁨으로 살면서,
당신을 바라볼 수 있나이다.

오, 어두운 성품과

불순한 생각을 가진 나 같은 존재가

어찌 형용할 수 없는

그분의 나타나심을 감당하며

오, 나같이 벌거벗은 영혼이

창조자의 불빛을 어찌 감당하오리까!

오직 한 길,

인간이 가장 높은 그곳에

오르는 길이 있나이다.

몸을 바쳐 희생하신 그분,

성령의 능력이 되시는 그분,

하나님의 대언자가 되시는 그분,

그분만이 길이 되십니다.

희생 제물과 성결케 하시는 성령의 능력이 있으면 인간은 하나님과 교제를 나눌 준비가 다 된 것이다. 성경에도 동일하게 기록되어 있고, 수많은 사람들이 확증해 주고 있기도 하다.

그런데 실제로는 한 가지 죄에서 또 다른 죄로 옮겨 간 것에 지나지 않는데, 마치 죄로부터 구원 받았다고 생각한다면 몹시 위험한 일이다. 누구나 그런 함정에 빠질 수 있다. 그러나 함정이 있다고 실망할 필요는 없다. 깨어 있으면 된다.

예를 들어 회개란, 단순히 전혀 다른 장소에서 전혀 다른 부류의 사람들을 만난다고 해서 이루어지는 것이 아니다. 전에는 아주 먼 나라에서 어둠의 수렁에서 죄를 범하며 살았지만, 현재는 한층 더 나은 환경에서 깔끔한 외모를 갖추고 종교적인 사람들과 어울려 지낸다. 그러나 마음만은 오히려 전보다 더 정결치 못할 수도 있는 것이다.

또한, 성경말씀을 이야기하면서 마치 자기 자랑하듯 짐짓 자만할 수도 있다. 성경말씀을 하나님께서 미워하시고 도저히 참을 수 없어 하시는 자기애(自己愛)를 감추는 데 사용할 수도 있다. 이렇게 되면 진짜 문제점은 점점 땅속 깊이 숨어 들어가 버리는 것이다. 진정한 회개가 멀어지는 것이다.

때로는 말썽이나 문제꾼들이 회심해서 '영적 상담자'가 되는 수도 있다. 그러나 그들을 좀 더 자세히 살펴보면 회심하기 전에 가졌던 불안정하고 의심하며 캐묻고 싶어 하는 영이 여전히 역사하고 있음을 알 수 있다. 겉으로 보기에는 고상해지고 종교적인 모양새를 갖춘 듯하나 근본적으로는 아무런 변화도 일어나지 않은 것이다. 그저 건너편으로 자리만 옮겼을 뿐 아직도 똑같은 기준으로 달리는 것이다. 죄를 씻어 주는 모종의 과정을 거치기는 했으나 결정적으로 그 죄가 제거되지는 않았다. 사탄은 바로 이와 같은 방법으로 교회를 약하게 하고 타락시키고 분열시켜 간다.

그리스도인이 세상에서 기도로써 행한 일도 더러는 사기 행위로 드러날 수도 있다. 그리스도인 상담자들이나 그리스도인 사업가들이 자기 일을 위해 기도하는 것을 반대하려는 것이 아니다. 다만 죄가 본성은 변하지 않은 채 외양을 달리할 수 있음을 보여 주려는 것뿐이다.

물론 어려움을 겪는 연약한 신자들이 찾아와서 도움을 받을 수 있도록 영을 분별하는 은사를 가진 사람이 있는 교회는 실로 복되다. 현실적인 어려움이나 세금 문제 등을 해결하기 위하여 기도하는 사업가들이 있다는 것도 복된 일이다. 나는 문명이 고도로 발전해 가는 치열한 전쟁터에서 하나님의 도움이 없다면 사업가들은 제정신을 차리고 살 수 없다고 생각한다.

양이나 소 중에 하나를 남기라면, 누구나 가장 좋은 것을 남겨두고 싶은 유혹을 받을 것이다. 사울같이, 병든 양이나 수송아지는 얼마든지 도살하려고 하면서도 가장 살진 송아지는 간직하라고 옛 아담과 사탄은 최선을 다하여 우리에게 속삭인다.

전형적인 함정이지만 많은 사람들이 쉽게 빠져들고 만다. 마땅히 죽었어야 했을 짐승을 아직 곁에 두고 버리지 못했기 때문에 기독교계에서 숨겨 둔 짐승들의 우는 소리가 들리는 것이다.

하나님께서는 죄를 말끔히 없애기를 바라신다. 우리 모두 주께서 뜻하는 바대로 걸어가자.

심령 깊은 곳에서부터
주를 감탄하라
20

놀라운 순간이 되면 경배자는 탄성을 지르는 것 말고는 아무 것도 할 수 없게 된다. 그럴 때는 단순한 외침을 어떤 미사 여구나 웅변보다도 하나님께서 멋지고 귀하게 여기실 것이다.

영어를 잘 구사한다면, 그것은 의사소통을 할 때 가장 놀랍게 활용할 수 있는 수단을 소유하고 있는 것이다.

에머슨(Emersen)은 셰익스피어(Shakespeare)에 관하여 말하기를, 그는 어느 누구보다도 자기가 하고 싶어 하는 말을 다할 수 있는 능력이 있는 사람이라고 말했다. 머릿속에 담긴 어떤 생각도, 말하고 싶은 그 어떤 이야기도 다 할 수 있었던 사람이라는 것이다.

셰익스피어가 그런 재능을 가진 것은, 바로 영어라는 언어를 유창하게 구사할 수 있었기 때문이다. 영어에 있는 풍부한 어휘를 자유롭게 구사할 수 없었다면, 셰익스피어도 그처럼 널리 알려져 높이 칭송받지 못했을 것이다. 그의 지성이 아무리 훌륭하다 할지라도 언어가 없었다면 그가 무언가를 배우고 또 표현하는 일은 불가능했을 것이다.

웹스터 사전에는 55만 단어가 들어 있다. 그러나 하나님을 섬길 때나 또는 마음속 깊은 곳에서 끓어오르는 것을 표현하고자 할 때면, 그처럼 수많은 어휘로도 충분치 못하다는 생각이 들곤 한다. 어떤 경우에는 "오!" 하는 탄성만을 지를 수밖에 없을 때도 있다. 하지만 이런 탄성은 사실상 말이라고 할 수 없다. 무어라고 정의하기 곤란한 그저 원시적인 외침에 지나지 않는다.

어휘란, 오랜 기간을 통하여 수많은 생각들이 모여 형성되는 것으로, 생각을 남에게 표현하는 수단이다. 그러나 심령이 무릎을 꿇고 하나님의 임재 속으로 다가가면서 말로 표현할 수 없는 두렵고 놀라운 일을 듣게 되면, 생각이 잠잠해지고 전에 충실하게 일꾼 노릇을 하던 언어조차 약해져서 자기 심령이 듣고 보는 것을 어떻게도 표현하지 못한다. 이와 같은 놀라운 순간이 되면 경배자는 탄성을 지르는 것 말고는 아무것도 할 수 없게 된다. 그럴 때는 단순한 외침을 어떤 미사 여구나 웅변보다도 하나님께서 멋지고 귀하게 여기실 것이다.

기독교에서 사용하는 관용어구에는 감탄사가 참 많다. 기독교 신앙은 초월적인 일들을 묵상하는 것이며, 영원하고 절대적인 것을 구하는 것이다. 그것은 거룩한 자 중의 거룩한 자에게 다가가는 것이며, 경이로움으로 하나님의 얼굴을 바라보는 것이다. 그때는 언어가 아무리 풍부하고 유창하다 할지라도 충분하지 않다.

"깊도다 하나님의 지혜와 지식의 부요함이여, 그의 판단은 측량치 못할 것이며 그의 길은 찾지 못할 것이로다"(롬 11:33).

영문 성경의 이 절 첫 단어는 '오!' 하는 감탄사다. 이처럼 열광적인 문장에서 감탄사는 빠질 수 없는 것이다. 감탄이란 마치 샘의 근원처럼 저절로 터져나와 흘러넘치는 것이다.

찬송가에도 감탄이 참 많이 나타난다. 주로 찬송가는 이성적으로 말하거나 정의할 수 있는 경지를 넘어선 강한 느낌을 표현하기 때문이다. 예를 들면, 모라비아 찬송가(Moravian Hymnal)에서는 약 300개의 찬송가가 '오'라는 감탄사로 시작한다.

물론 문자적인 것을 너무 강조하면 감정이 없는데도 억지로 따르게 되므로 지나치게 강조하는 것은 좋지 않겠으나, 그와 같은 찬송가들 가운데 오늘날도 여전히 우리에게 의미를 주는 것들이 많이 있다는 것은 분명한 사실이다.

성령의 감동하심을 따라 흠 없이 쓰인 성경에도 감탄사가 많이 등장한다. 선지자들이나 시편 기자들은 종종 영원한 것을 살피는 눈길을 통해 하나님 성품의 아주 깊은 곳까지 이르게 되었으며, 단순한 언어로는 표현할 수 없는 감정이 터져 오르는 것 같은 느낌을 심령에서 느꼈던 것이다.

그런 경우에는 자연히 입술에서 "오!" 하는 탄성이 나오게 마련이었다. 예레미야도 주의 음성을 듣자 "오, 주 여호와여 보소서 나는 아이라 말할 줄을 알지 못하나이다"(렘 1:6, 개역한글에는 '오'가 없음-역자주)라고 외쳤고, 에스겔은 해골의 골짜기에 서서 "오 주여, 당신이 아시나이다"라고 말했던 것이다.

하지만 신학에는 감탄사가 없다. 나쁘다고는 할 수 없지만 신학이 지닌 하나의 특색인 것은 분명하다. 신학은 하나님에 관하여 알려진 것을 지적인 용어로 표현하려는 것인데, 지성이 파악하는 것에 한해서는 말로 표현된다. 그러나 하나님 그분이 지성 앞에서 놀랍고 광대하고 파악할 수 없는 존재로 나타나실 때, 지성은 침묵에 빠지게 되고 심령은 "오, 주 하나님이시여!"라고 외치게 되는 것이다.

신학적 지식과 영적 체험과는 차이가 있다. 즉 남에게 얻어들은 것으로 하나님을 아는 것과, 직접 보고 하나님을 아는 것 사이에는 차이가 있다. 단순한 용어상의 차이 정도가 아니라, 실제적이고 지극히 중요한 것이다.

그리스도인은 심령에서 감탄사가 떠나지 않도록 깨어 있어야 한다. 현대 그리스도인은 무사 안일을 추구하는 선지자들의 제물이 되거나 평안만을 파는 자들의 제물이 될 위험에 처해 있다. 그런가 하면 신앙이 그저 단순한 복음적인 인본주의로 전락한 나머지 아무리 신비하고 황홀한 생각이 들어도 아무런 감응을 느끼지 못하게 될 수도 있다.

기도할 때 말을 너무 많이 한다면, 대개는 자신에게 말하고 있는 것이 확실하다. 잠잠히 귀를 기울이거나, 마음 가득 감사가 넘친다면, 어려운 문제를 위해 기도하려고 할 때 자신도 모르는 사이에 좀 더 깊은 곳으로 방향을 잡고 있음을 깨닫게 될 것이다.

교회나 선교 단체들은, 전진이란 성령 충만한 심령에서 자연스레 우러나는 감탄의 말이 있을 때 비로소 가능하다는 것을 알아야 한다. 이것이야말로 산모가 아이를 낳기 위해 고통스레 외치는 그것과 같은 것이다.

이 능력을 대신할 만한 것은 없다. 주 앞에 감탄하지 않고는 계획도 프로그램도 기술도 아무 쓸모 없다. 내가 주 앞에서 감탄할 수 있다는 것은 성령이 말할 수 없는 탄식으로 간구하고 있다는 것을 나타낸다. 그리고 이것이야말로 교회에서, 혹은 선교지에서 행하시는 하나님의 유일한 방법이다.

가장 중요한 것으로 돌아가라

21

도대체 뭐가 중요한 문제란 말인가? 내가 하나님과 개인적으로 갖는 관계, 이것이 바로 중요한 문제다. 이것이 다른 어느 것보다도 우선권을 갖는다.

인생이란 참 복잡하지만, 깨닫기만 한다면 그 실체는 정말 단순하다. 감사하게도 중요한 사항이 그리 많지도 않다. 나머지는 부수적인 것이고 반드시 깨달아야 하는 것은 적다.

중요한 사항에도 새삼스러운 점은 없다. 솔로몬도 "해 아래 새 것이 없다"고 하였다. 이 말은 기계적인 발전이 없다는 뜻은 아니었을 것이다. 왜냐하면 그는 여러 곳에서 인간들이 이룬 많은 발명들을 보았고, 그 자신도 통치 기간 동안 아주 많은 변화를 제도화했기 때문이다.

그가 죽은 뒤, 예루살렘 성은 아버지 다윗으로부터 왕위를 물려받았던 당시의 예루살렘과는 전혀 다른 도시로 변해 있었다. 현재까지도 외적인 변화는 계속해서 일어나고 있으나 자연이나 인간 속에는 새로운 것이 전혀 없다. 솔로몬이 했던 말의 뜻도 바로 이런 것이다.

문제 자체는 새 것이 없고, 문제 자체는 현대화시킬 만한 것이 없다. 우리 주위를 둘러싼 세상에 있는 그 어느 것이든 그것을 평가하는 한 가지 방법은 그것이 현대화할 수 있는 가능성이 있는지 살펴보는 것이다. 그것이 만일 현대화될 수 있는 것이라면 당신은 그것을 인간의 가치 척도상 낮은 수준의 것으로 보아도 될 것이다. 변화되지 '않은' 것과 변화되지 '않는' 것만이 하나님의 형상으로 만들어진 존재에게 가치가 있는 것이다.

어떤 이가 나를 어쩔 수 없는 구식이라고 하면서 거부한다 하더라도 나는 화내지 않을 것이다. 세상 것들의 환영(幻影)에서 벗어나면, 자유로운 생각과 영원한 사고에 깊이 빠져 불멸하는 동경으로 마음을 가득 채울 수 있다. 이 시대의 그리스도인은 바로 그런 식의 정신 세계를 갖지 못했다.

워즈워스(Wordsworth)처럼 "원숙한 계절이 되면 풍요한 지성과

보다 분명한 통찰력이 생길 것이다"라는 소망을 우리는 가질 수 없다. 왜냐하면 우리는 거기에서 멀리 떨어져 있는 데다 거기를 향해 있지도 않기 때문이다.

 진리의 성령 안에서 깊은 조명하심을 받지 않는 한, 세월이 흐르는 것 자체는 우리에게 도움이 되지 않는다. 오히려 세월은 우리가 얼마나 육적인지 확인시켜 줄 뿐이다. 영적인 노쇠라는 것이 있는데, 그것은 계시된 진리의 빛 가운데서 오랫동안 실패를 거듭할 때 자연히 찾아오는 결과다. 겸손하게 그리고 조심스럽게 걸어가지 않으면, 누구나 그와 같은 노쇠함에 빠질 수 있다.
 오늘날 우리가 가치를 두고 있는 거의 모든 것은 대부분 몇 가지 원시적인 원형에서 발전했다. 바퀴에서 증기 기관차로, 석조 아치에서 고층 빌딩으로, 연에서 비행기로, 조개껍질 등의 화폐에서 고도로 발전한 통화 조직으로, 상형 문자나 정글의 북(鼓)에서 고도 기술의 통신 기구를 발전시켰다.
 현대 문명의 98%는 원시적 출발점이 무엇이었는지 추적 가능하다. 다시 강조하거니와 문제는 그 어느 것도 새로운 것이 없다는 점이다. 그리고 정말 중요한 것은 그 어느 것도 현대화시킬 수 없다는 점이다.

 그러면 도대체 뭐가 중요한 문제란 말인가? 내가 하나님과 개인적으로 갖는 관계, 이것이 바로 중요한 문제다. 이것이 다른 어느 것보다도 우선권을 갖는다.

어떤 사람이 청결한 병원에서 출생하여 좋은 학교에서 교육을 받고, 에어컨이 잘 나오는 차를 타고 다니고, 좋은 침대에서 잠을 자고, 좋은 옷을 입고, 영양이 풍부한 음식을 먹고, 밝은 불빛 아래에서 책을 읽고, 2만 킬로미터나 떨어져 있는 친구와 이야기를 나누고, 진정제를 복용하여 근심을 잊을 수도 있고, 새로운 약의 도움으로 괴로움 없이 죽어 공원 같은 묘지에 누울 수도 있다. 그럼에도 그가 후에 하나님의 심판대 앞에 서게 될 때, 하나님도 그를 알지 못하고 그도 하나님을 모른다면 이 모든 것이 무슨 유익이 있겠는가?

영원한 공의의 심판대 앞에서 아무도 그를 변호해 주지 않고, 재판장으로부터 영원한 멸망이라는 판결을 받는다면 보르네오의 오지에서 벌거벗은 야만인으로 죽는 것보다 나을 것이 무엇이 있겠는가?

진노하시는 하나님 앞에서는 누구도 마음대로 죽거나 살거나 할 수 없다. 이런 것으로부터 인간을 구출할 수 있는 현대적인 장치가 있다면 이름을 대 보라. 인간이 어느 곳에서 안전을 찾을 수 있는가? 철학이 인간을 도울 수 있는가? 심리학이 도울 수 있는가? 과학? 진보? 비타민이나 마약이 인간을 도울 수 있는가? 아니다. 오직 그리스도만이 인간을 도울 수 있다.

그리스도의 도우심은 인간의 죄나 인간의 필요만큼이나 오래된 것이다. 벌거벗은 원주민들도 박사들만큼이나 하나님께 가깝다. 어떤 새로운 발명품도 나를 구원할 수는 없다. 구원하시는 은혜는 결단코 현대화될 수 없다.

우리 또한 아벨과 같이 속죄하시는 피와 회개로써 드러낸 믿음을 가지고 오지 않으면 안 된다. 새로운 방법은 결코 없다. 옛 방법이 오직 참된 길이고 다른 길은 없다. 하나님의 어린 양은 '창세 전에' 죽임을 당한 것이다.

다른 중요한 문제도 분명히 있으나, 그것들도 여기에서부터 시작된다. 그곳에서부터 나가서 다시 여기로 되돌아오게 된다. 다른 것들이란 우리가 그리스도를 온전하게 신뢰하는 것, 매일같이 우리들의 십자가를 짊어지는 것, 하나님이 우리에게 이해력을 주시는 대로 우리가 빛 가운데서 살아가는 것, 우리가 인자(仁慈)를 사랑하고 떳떳이 살아가는 것, 인간들 가운데서 그리스도의 대사로서 사명을 완수하는 것, 은혜와 하나님을 아는 지식에서 날마다 자라나서 마침내는 추수할 때에 익은 곡식으로 되는 것 등이다.

이러한 일들이 정말 중요한 문제다. 그런데 정작 이것들을 정말 중요한 것으로 깨닫는 사람들이 많지 않다. 게다가 오늘날은 이러한 문제에 관심을 기울이기가 거의 불가능하다. 왜냐하면 하나님의 종들마저도 정치나 세상 사건, 스포츠나 과학 등을 이야기해야만 사람들이 듣기 때문이다. 그럼에도 이러한 문제는 영원한 진리이며, 또한 성경이 가르치는 모든 것이고, 우리는 그것들을 선포할 권위를 부여받은 것이다.

상상력의 축복을 누려라

22

옛날 바리새인들의 약점은 그들이 이런 상상력을 가질 수 없었다는 것이고, 또 한 가지는 상상력이 있었다손 치더라도 이것을 종교의 영역으로 들여놓기를 거부했다는 점이다. 바리새인은 제한된 정의만을 가지고 조심스레 성경을 보아 왔고, 그 이상은 보지 못하였던 것이다.

우리에게 있는 다른 능력과 마찬가지로 상상력 역시 축복이 될 수도, 저주가 될 수도 있다. 상상력이 축복이 되느냐, 저주가 되느냐는 상상력을 어떻게 사용하고, 또 그것을 얼마나 잘 훈련시키느냐에 달려 있다.

누구나 다 어느 정도의 상상력을 가지고 있다. 상상력이 있어서 어떤 물질적인 대상이 가진 의미를 볼 수 있고, 또한 처음 볼 때는 몰랐던 어떤 물건들이나 일 사이의 유사성을 발견하기도 한다. 상상력 덕분에 감각으로는 미처 알아채지 못하는 것을 알 수 있다. 상상력을 통해 물건이나 일의 이면에 있는 실재를 감각의 인상을 통하여 알 수 있기 때문이다.

어느 분야에서든지 인간이 이룩한 발전은 대개 당시에는 필적할 만한 것이 없는 무언가에 대한 아이디어에서 시작되었다. 발명가는 단지 자신이 이미 친숙한 아이디어 조각들을 모아 그로부터 전혀 친근하지 않으며, 당시까지는 존재하지도 않았던 것을 만들어 낸다. 그런 방법으로 물건들을 소위 '창조하는' 것이고, 그것은 우리 자신이 창조자의 형상대로 지음을 받은 존재임을 증명하고 있는 것이다.

타락한 인간이 창조적인 능력을 악한 일에 사용하기도 한다는 사실이 우리가 하나님의 형상대로 지음받은 존재라는 것을 부정하는 데 대한 반론이 될 수는 없다. 어떤 재능이든 선하게 사용할 수도 있고 악하게 사용할 수도 있다. 한 가지 알아 두어야 할 것은 모든 재능은 하나님으로부터 온다는 것이다.

상상력이 하나님을 섬기는 데 매우 큰 가치가 있다는 것을 부정할 수도 있다. 왜냐하면 '상상력이 풍부한'(imaginative)이라는 단어와 '비실재적인'(imaginary)이라는 단어를 혼동하기 때문이다.

예수 그리스도의 복음은 비실재적인(imaginary) 것들과는 아무런 관계도 없다. 세계에서 가장 실재적인 책이 바로 성경이다. 하나님도 실재하시고, 인간도 실재하고 죄도 실재하며, 사망도 실재하고 죄가 어김없이 이끌어 가는 지옥도 실재한다.

하나님의 임재는 비실재적인 것이 아니다. 기도란 즐거운 공상에 빠져 탐닉하는 것이 아니다. 또한 기도할 때 관심을 집중하는 대상이 비록 물질은 아니라 할지라도, 그것들은 온전히 실재하는 것들이다. 엄밀히 말해 실재적인 것 이상이다. 최후에는 이 땅의 그 어떤 물질보다도 더 실재적인 것으로 받아들여질 것이다.

종교의 영역에서 성화된 상상력이 갖는 가치는 자연의 물질들 속에서 그 물건들의 그림자를 영적으로 파악할 수 있는 능력에 있다. 경건한 자는 이 상상력이 있기 때문에,

모래알 속에서 세계를 보고
시간 속에서 영원을 본다.

옛날 바리새인들의 약점은 그들이 이런 상상력을 가질 수 없었다는 점이고, 또 한 가지는 상상력이 있었다손 치더라도 이것을 종교의 영역으로 들여놓기를 거부했다는 점이다. 바리새인은 제한된 정의만을 가지고 조심스레 성경을 보아 왔고, 그 이상은 보지 못하였던 것이다.

강가의 둑에 있는 한 송이 앵초,

그것은 그에게 노란색 한 송이 앵초일 뿐,

그 이상은 아무것도 아니었다.

그리스도께서 예리한 영적 통찰력과 빛나는 도덕적 감수성을 가지고 오셨을 때에, 바리새인들은 그분을 또 다른 종교의 열성분자인 것처럼 여겼다. 만일 그들에게 그리스도를 이해할 수 있는 상상력이 있었다면 그리스도가 참 그분인 것을 깨달았을 것이다.

바리새인들이 성경 본문에서 몸밖에 보지 못할 때 그리스도께서는 영혼도 보셨다. 그리하여 바리새인은 언제나 의문의 율법에 호소하고 전통적으로 내려오는 해석에 호소하여 그리스도를 잘못이라고 증명하였다. 그들 사이의 갈라진 틈이 너무나 컸기에 그들은 공존할 수 없었다.

그리하여 당시 그리스도를 사형할 수 있는 위치에 있었던 바리새인들은 이 젊은 선지자를 죽음으로 몰고 갔다. 과거에도 그래 왔고, 하나님을 아는 지식이 물이 바다를 덮는 것같이 땅을 채우게 될 때까지는 언제든지 그럴 것이다.

상상력은 자연인이라면 누구나 갖는 능력인 만큼 본질적인 제한성과 악으로 치우치려는 타고난 속성이 있다. 흠정역(King James Version) 성경에서는 상상력(imagination)에 해당하는 말은 찾아보기 힘들다. 그저 단순하게 '죄 된 인간이 하는 추론' 정도의 뜻을 가진 말로 표현하고 있다. 그렇다고 해서 내가 성화되지 않은 상상력을 변명하는 것은 아니다. 나는 더러운 샘에서 오염된 물줄기가 흘러나오는 것처럼, 해가 갈수록 악한 생각들의 근원에서 오염된 생각이 흘러 나와 파괴적인 행위가 생겨나도록 하고 있다는 것을 잘 알고 있다.

그러나 성령이 지배하는 상상력은 전혀 다르다. 여기에서 내가 생각하는 것도 바로 그것이다. 성령의 상상력이 감옥에서 풀려 나와 새로 피조된 아들들 가운데서 제자리를 차지하기를 바란다.

내가 여기에서 말하고 싶은 것은 이처럼 볼 수 있는 성스러운 은사, 휘장을 넘어 꿰뚫어 보는 능력, 예사롭지 않은 경이감을 가지고 거룩하고 영원한 일들의 아름다움과 신비로움을 볼 수 있는 능력을 말하는 것이다.

따분하고 케케묵은 지성은 기독교에 영예가 되지 못한다. 그러한 머리가 교회를 오랫동안 지배하게 되면 오래지 않아서 교회가 둘 가운데 하나의 방향을 취하지 않으면 안 될 것이다. 즉 자유주의로 향해 거짓 자유 속에서 안위를 얻든지, 세상으로 향해 유쾌할지는 몰라도 그것은 더없이 치명적인 즐거움일 뿐이다.

그러나 요한복음에는 이 두 가지가 모두 포함되지 않는다.

"그러하나 진리의 성령이 오시면 그가 **너희**를 모든 진리 가운데로 인도하시리니 그가 자의로 말하지 않고 오직 듣는 것을 말하시며 장래 일을 너희에게 알리시리라 그가 내 영광을 나타내리니 내 것을 가지고 **너희**에게 알리겠음이니라"(요 16:13-14).

성령이 거하시는 생각을 갖는다는 것은 은혜 아래 있는 그리스도인의 특권이다. 그리고 여기에 바로 내가 지금까지 말하려고 애써 왔던 것이 다 포함되어 있다.

포기하라.
그러면 지켜진다

23

포기하라. 그러면 지켜진다. 방어하라. 그러면 잃게 된다. 그것이 하나님 나라의 법이다. 이 법칙은 거듭난 영혼이라면 누구에게나 해당된다. 우리는 하나님을 신뢰할 수 있다. 우리가 인정할 수밖에 없는 사실은 하나님을 신뢰하지 않을 수 없다는 것이다.

하나님 나라에서 어떤 것을 잃어버리는 가장 확실한 방법은 바로 그 어떤 것을 가지려고 애쓰는 것이고, 어떤 것을 간직할 수 있는 최선의 길은 그것이 없어지도록 놓아두는 것이다.

순종함으로 얻고 방어함으로 잃게 되는 법은 예수님의 말씀에 잘 나타나 있으나 그것을 이해하는 사람은 많지 않다.

"아무든지 나를 따라 오려거든 자기를 부인하고 자기 십자가를 지고 나를 좇을 것이니라"(마 16:24).

하나님의 방법과 인간의 방법 사이에는 현격한 차이가 있다. 세상에서는 자신의 귀중한 소유물에서 손을 떼면 머지 않아 누군가 그것을 움켜쥐게 되고 결국 눈 앞에서 사라져 버린다. 그러므로 세상에서는 힘써 지켜야 한다. 그래서 인간들은 보화를 깊이 숨기고, 소유물을 지키기 위해 자물쇠를 채워 두고, 자신의 훌륭한 이름에 오점이라도 생길까 명예훼손이라는 법으로 보호한다. 온갖 종류의 보호 장치로 자신을 방어하고, 강력한 군대를 훈련시켜 나라를 지킨다.

이것은 모두 아담의 타락한 성품으로부터 나온 철학에 의해 생긴 것이다. 수천 년에 걸쳐 실제적인 체험을 거지면서 확실해진 것이다. 그래서 이에 도전한다는 것은 인간들의 비웃음을 살 일이었으나 우리 주께서는 기꺼이 도전하셨다.

그리스도께서는 세상이 자신의 것을 방어하려고 노력하는 것을 특별히 정죄하시지는 않았다. 그리스도께서는 타락한 세계로부터 돌이켜서 또 다른 세계에 관하여 말씀하셨다. 이 세계는 아담의 철학이 병들고, 아담의 기술이 작용하지 못하는 곳이다. 그분은 하나님 나라에 대해 말씀하셨는데 그의 법칙은 인간의 법칙에 정확하게 반대되는 것이다.

그리스도께서 하나님의 새 나라를 통치하게 될 영적 원칙들을 정하시기 오래전에, 이미 하나님께서는 선지자들의 입을 통하여 말씀하셨다.

"내 생각은 너희 생각과 다르며 내 길은 너희 길과 달라서"(사 55:8).

그리스도께서도 말씀하셨다.

"사람 중에 높임을 받는 그것은 하나님 앞에 미움을 받는 것이니라"(눅 16:15).

영적인 법칙들과 인간 사회의 법칙들 사이에는 크나큰 간격이 있다. 하나님은 그의 지혜 속에서 영원한 목표를 따르는 높은 길을 움직여 가신다. 인간은 낮은 길에서 할 수 있는 대로 최선을 다하여 자신의 계획을 세운다. 그러면서 끝에는 '다 잘되겠지' 하고 생각하지만, 그의 희망은 실망이 되고 만다.

진정한 그리스도인은 두 세계의 자녀다. 타락한 인간들과 어울려 살면서, 그들의 조상들이 물려 준 개념을 배우면서 아담 때부터 타락한 생(生)의 소견(所見)을 발전시켜 나간다. 그러나 새로운 피조물로 거듭나면, 새 왕국을 이루고 있는 법칙과 원칙에 따라 살아가도록 부름을 받게 된다.

다만 그의 사고방식이나 훈련은 아직 옛 세상에 속해 있다. 그러므로 그가 기도에 힘써 대단히 지혜로운 자가 되지 않으면, 자칫 세상의 방식을 따르면서 하늘의 삶을 살아 보려고 노력하게 될 수도 있다. 바울은 이런 삶을 '육적인' 생활이라고 불렀다. 그리스도인으로 거듭났다 하더라도 오랫동안 몸에 밴 옛 생활이 자신도 모르는 사이에 불쑥불쑥 튀어나오는 것이다. 그러다 스스로 놀라 혼란에 빠지고 만다.

수많은 그리스도인이 보화에 집착하고, 소유물을 지키려 들고, 좋은 평판을 얻으려고 애쓰는 것도 바로 그런 이유에서다. 그들은 오랫동안, 자연스럽게 따르던 대로 반응하는 것이다.

이 땅 위에 발을 디딘 채로 하나님 나라의 삶을 시작하려면 진정한 믿음이 필요하다. 그러기 위해서는 먼저 세상의 도덕에 얽매이기보다는 자신의 일상생활이 하나님의 높으신 지혜에까지 닿을 수 있도록 끌어올려야 한다. 이 지혜가 세상의 지혜와 상반될 때는 갈등을 피할 수 없다. 그러나 그리스도를 따른다는 측량할 수 없이 값진 특권을 얻는 데 드는 대가라고 한다면, 결코 큰 것이 아니다.

그러므로 우리들이 성령께로 가서 우리 자신을 방어하는 것을 멈추어야 한다. 방어적인 그리스도인치고 성공하는 그리스도인을 본 적이 없다. 신경질적이고 변덕스럽고, 늘 불행하다고 불평하는 그리스도인이 정열을 헛되이 낭비하면서 자신들을 보호하기 위해 애쓰는 경우가 얼마나 많은지 모른다. 이처럼 처량하게 풀이 죽은 영혼들은 누군가가 자기들 위에 무엇인가 계속 부담스럽게 올려놓으려고 끊임없이 애쓰고 있다고 상상한다. 그 결과 자연히 염려와 성가심과 압박을 느끼는 것이다. 누군가 자기 소유를 넘보고 있다고 생각하다 보면 끝없는 적대감에 시달릴 수밖에 없다.

이렇게 초조해하는 모든 영혼들에게 진지하게 권고하고 싶은 것이 있다. 모든 것을 하나님께 넘겨 드리고 편히 쉬어라. 진정한 그리스도인은 자신의 소유물이나 자신의 신분을 방어하지 않아도 된다. 하나님께서 이 두 가지를 다 돌보실 것이다.

당신의 보화에서 손을 떼라. 하나님께서 당신을 위해 영원히 지켜 주실 것이다. 그것들에 매달리는 한 당신의 남은 생애는 머리 아픈 문제와 비극, 고통으로 얼룩질 뿐이다.

자잘한 것까지 일일이 신경 쓰느라 늙고 까다로운 사람이 되기보다는, 그것들을 과감히 던져 버리는 게 낫다. 누군가가 우리를 속이려 한다고 늘 의심하는 것보다는 차라리 몇 차례 속아 주는 것이 낫다.

포기하라. 그러면 지켜진다. 방어하라. 그러면 잃게 된다. 그것이 하나님 나라의 법이다. 이 법칙은 거듭난 영혼이라면 누구에게나 해당된다. 우리는 하나님을 신뢰할 수 있다. 우리가 인정할 수밖에 없는 사실은 하나님을 신뢰하지 않을 수 없다는 것이다.

순종이 제사보다 낫다

24

순종하는 그리스도인은 교회에서 매순간을 즐기면서 지낼 수 있고, 그로 인해 유익을 얻게 될 것이다. 가르침을 받고 순종하는 그리스도인은 마치 진흙이 토기장이에게 굴복하는 것처럼 하나님께 순종하는 것이다. 그리고 그 결과는 낭비가 아니라 영원한 영광으로 나타날 것이다.

인간의 활동 영역 가운데 종교 활동 영역처럼 낭비되는 분야도 없을 것이다. 교회에서의 한 시간, 기도 모임에서의 한 시간이 고스란히 허투루 보내는 시간이 될 수 있다. 최근 '당신이 선택하여 참석하는 교회'라는 표현을 많이들 쓴다. 그 말을 듣고 '이 세상은 아무것도 아니며, 교회에는 돈으로 살 수 없는 소중한 것들이 있다'는 것을 연상시킨다면 어느 정도 의미가 있다. 한편, 어떤 이는 평생 동안 교회에 참석하면서도 조금도 진보하지 못하는 경우가 있다.

교회에서 보면 해가 바뀌어도 보통 매 주일 똑같은 기도가 들려온다. 순간 과연 그 기도가 응답될까 하는 의문이 생긴다. 이제 그런 기도는 그만해야 하지 않을까? 낯익은 구절과 종교적인 억양으로 감정을 담은 단어들이 일시적으로는 영향을 줄 수 있다. 하지만 자세히 보면 예배드리는 자는 하나님께 전보다 조금도 가까이 가지 못했고, 도덕적으로도 더 나아지지 않은 데다, 더욱이 하나님 나라에 대한 확신도 없다.

그런데도 20년 동안이나 주일마다 똑같은 형식을 밟고 있다. 주일마다 집에서 나와 교회로 가서 두 시간씩 예배를 드리고, 집에 돌아온다. 만일 하루를 12시간으로 친다면 170일이나 되는 시간을 쓸데없이 이런 활동으로 낭비하는 것이다.

히브리서 기자는, 어떤 교인들은 시간은 많이 들이면서도 아무 성과도 못 이룬다고 하였다. 그들은 자라날 수 있는 기회가 많았으나 자라나지 못했다. 그들은 성숙해질 수 있는 충분한 시간이 있었으나 아직도 어린아이 같았다. 그리하여 그는 이런 교인들에게 의미 없는 종교 활동은 이제 그만두고 완전한 데 나아가도록 힘쓰라고 권고하고 있다(히 5:11-6:3).

앞으로 나아가지 않고도 움직이는 것이 가능하다. 오늘날 그리스도인들의 활동 속에도 이와 같은 현상이 너무 많이 일어나고 있다. 쉽게 말해서 의미 없는 운동인 것이다.

하나님 속에도 운동이 있으나 하나님은 결코 그 운동을 낭비하시는 분이 아니다. 그분은 이미 정해 놓으신 목표를 향해 언제나 일하고 계신다. 그분의 형상대로 만들어진 우리도 목표를 마음에 두고 일할 때만이 우리 자신의 존재를 정당화시킬 수 있다.

목적이 없는 활동은 인간 존재의 위엄과 가치에 어울리지 않는다. 목표도 없이 그저 나아가기만 하는 것은 낭비일 뿐이다. 그런데 대부분의 그리스도인은 자신이 왜 노력하는지 분명한 목적이 없다. 그들은 끝없이 즐겁게 돌아다니는 데 시간과 정력을 계속 낭비한다. 이것이야말로 이이스퀼로스(Aeschylus)나 단테(Dante)가 생각할 가치가 있을 법한 '비극'인 것이다.

이와 같은 비참한 낭비 뒤에는 대개 다음 세 가지 이유 가운데 하나가 있게 마련이다. 성경을 잘 모르든지, 성경을 믿지 않는지, 말씀에 불순종하는 것이다. 내가 생각하기에 대부분의 그리스도인들은 훈련을 제대로 받지 못한 것 같다. 겨우 반밖에 준비되지 않았는데, 벌써 하나님 나라에 들어온 듯 착각하곤 한다.

지난 30년 동안 회심한 사람들을 대상으로 조사해 본 결과, 대개 그들은 그저 예수님을 개인의 구세주로 받아들이라는 이야기를 들었을 뿐이다. 그 다음에는 모든 것이 다 좋아질 거라는 가르침을 받았다는 것이다. 아마 어떤 상담자는 그가 지금 영생을 갖게 되었으며, 그리고 주가 오시기 전에 죽는다면 분명 하나님 나라에 갈 수 있다고 일러 주었을 것이다. 그리고 죽음의 순간이 찾아오기 전에 승리 속에 그를 데려가실 것이라고 일러 주었을 것이다.

이렇게 급히 하나님 나라로 들어온 뒤에는 더 이상 말해 줄 것이 없다. 그런 식으로 회심한 사람은 망치와 톱을 가지고도 그것으로 무엇을 만들어야 할지 설계도를 가지고 있지 못한 것과 마찬가지다. 그는 어떤 건물을 만들어야 하는지도 모르면서 그저 주일마다 나와 연장을 갈아 놓고, 집에 돌아가서는 그것을 주머니에 넣어 두는 구태의연한 신앙생활을 반복한다.

또는 신앙이 없어서 노력을 낭비하는 경우도 있다. 물론 우리 모두에게 어느 정도는 이와 같은 죄가 있다. 개인 기도나 공적 예배를 드리는 동안, 계속해서 하나님께 어떠한 일을 해 달라고 요청한다. 그때 하나님이 이미 행하신 것을 구하기도 하고, 혹은 우리의 불신앙 때문에 하나님이 행하실 수 없는 것을 해 달라고 계속 요청하곤 한다.

하나님이 이미 말씀하셨는데, 또는 그 순간에 말씀하고 계신데도 하나님께 말씀해 달라고 간청하는 것이다. 하나님이 이미 임재하셔서 우리가 그분을 인정하기를 기다리고 있는데, 우리는 하나님께 이곳에 임재해 달라고 요청하는 것이다. 우리의 불신앙이 성령의 오심을 막고 있는 것을 미처 깨닫지 못하고 성령님께 채워 달라고 계속해서 요청하는 것이다.

그리스도인이 불순종하는 상태에 있다면 하나님의 나타나심을 바라도 아무 소용이 없다. 어떤 이가 어떤 분명한 점에서 하나님께 순종하기를 거부하거나, 그리스도의 명령을 거부하고 있으면 그의 모든 종교적인 활동은 헛된 시간일 수밖에 없다.

50년 동안 교회에 다녀도 아무런 유익이 없다. 십일조를 하고, 가르치고, 전도하고, 찬송하고, 성경 공부 모임을 조직하여 운영할 수도 있겠으나, 최후에는 잿더미밖에 남지 않을 수도 있는 것이다. '순종이 제사보다 나'은 것이다.

이런 모든 비참한 낭비는 불필요하다. 순종하는 그리스도인은 교회에서 매순간을 즐기면서 지낼 수 있고, 그로 인해 유익을 얻게 될 것이다. 가르침을 받고 순종하는 그리스도인은 마치 진흙이 토기장이에게 굴복하는 것처럼 하나님께 순종하는 것이다. 그리고 그 결과는 낭비가 아니라 영원한 영광으로 나타날 것이다.

무엇이든 감사함으로 하나님께 드리라

25

모든 보화들보다 훨씬 더 귀하고 중요한 것은 그리스도께서 산상 설교에서 말씀하셨던, 바로 하늘의 영원한 보화들이다. 베드로는 이러한 보화를 가리켜서 썩지 않는 보화, 더럽혀지지 않는 보화, 해어지지 않는 보화라고 서술하였다. 이것들은 우리가 하나님과 연합한다는 자각이 깊어지면 깊어질수록 더욱 절실해진다.

성경은 부(富)에 관하여 자주 말한다. 주께서는 이 문제를 기탄없이 솔직하게 다루셨는데, 바울이나 다른 신약 기자들 역시 그랬다. 그들의 말은 기록으로 남아 있는데, 오늘날 그리스도인이 행하는 것보다 훨씬 연구할 가치가 있다.

부의 형태나 수준은 아주 다양하다. 어떤 물건은 그 자체로 가치가 있을 수도 있고, 그 자체로는 가치가 없으나 임의적인 가치를 부과함으로써 사람들이 보화로 취급하는 것도 있다.

예를 들면 조개껍질은 아무 쓸모가 없다. 하지만 사회 구성원의 동의하에 감자나 돼지, 생필품 등을 사는 화폐로 쓰자고 한다면 위상이 무척 높아진다. 마찬가지로 수표나 지폐, 어음에서 법이나 관습이 부여한 속성을 없앤다면 그것을 가치 있는 것으로 여길 사람은 아무도 없을 것이다.

또는 골동품이나 자필 원고, 초판(初版) 같은 완전히 인위적인 가치가 부여된 잡다한 물건도 있다. 이런 종류의 부는 비교적 적은 수의 사람들의 마음에만 부로서 인정받고 있으나, 그들 대부분이 모든 좋은 것들을 지겹게 누려 본 사람들이라 때로는 이런 시시한 것에 터무니없이 엄청난 가격을 매기곤 한다.

또 다른 형태의 부는 이 땅에서 사는 데 반드시 필요한 것들이다. 곡식이나 기름, 야채, 과일, 직물, 물, 고무 등이다. 이 품목들은 아무리 고매한 사람이라 해도 무시할 수 없다. 그리고 그것들은 모두 하나님으로부터 오는 선물이다. 그러므로 온유함과 감사하는 마음으로 받아야 한다.

또 다른 형태의 보화는 우리의 몸에 속해 있는 것들로서 건강, 시력, 청력 등이다. 여기에 자유와 우정, 사랑, 총명 등 지성의 보화를 더하고, 또한 미학적 보화로 음악, 문학, 선하고 아름다운 모든 것들이 속한다.

이러한 모든 보화들보다 훨씬 더 귀하고 중요한 것은 그리스도께서 산상 설교에서 말씀하셨던, 바로 하늘의 영원한 보화들이다. 베드로는 이러한 보화를 가리켜서 썩지 않는 보화, 더럽혀지지 않는 보화, 해어지지 않는 보화라고 서술하였다. 이것들은 우리가 하나님과 연합한다는 자각이 깊어지면 깊어질수록 더욱 절실해진다. 그 순간 낮은 형태의 부는 자연히 그 가치를 잃고 만다.

주께서는 최고 형태의 부를 '하나님의 나라와 그의 의'라고 규정하셨다. 이것은 구속받은 인간이 영원토록 바라게 될 모든 것을 다 포함한다. 그리스도의 가르침에는 이 땅 위의 것들을 악한 것으로 여겼던 빈곤주의자의 흔적이 전혀 없다. 이러한 사상은 후에 기독교 수도사들이나 은둔자들이 만들어 낸 것으로, 주의 가르침을 잘못 이해한 데서 생겨난 것이거나 불교에서 빌어 온 것들이다.

예수님은 고기와 음료, 의복의 가치를 솔직하게 인정하셨다. 예수님은 "이러한 모든 것들이" 그들에게 필요하다는 것을 하나님이 알고 계신다고 분명히 말씀하셨고, 그들이 그보다 높은 부를 먼저 구하면 그것들을 그들에게 더하여 주실 것이라고 약속하셨다(마 6:25-33).

예수님은 인간들이 세상 물건에 지나치게 집착하는 경향이 있는 것을 아시고 그에 대하여 경고하셨다. 하나님이 우리에게 주시는 '물건들'은 단순히 하나님의 예비하심을 따라 주시는 것으로 이해하고, 우리의 진짜 보화로는 여기지 말아야 한다.

사람의 마음은 자신이 진짜 보화로 여기는 것들로 향하게 마련이다. 만일 농작물을 진정한 재산으로 여긴다면 그 사람의 마음은 농작물을 향한다. 많은 남자들이 그들의 마음을 은행 구좌에다 가두어 두고 있는가 하면, 많은 여자들은 그들의 보석함이나 모피에 마음을 두고 있다. 인간의 마음이 지상에 머물러 있고, 자신들이 가야 할 자리인 하나님과 하나님 나라에 있지 못한 것은 크나큰 비극이다.

진정한 보화를 찾고 싶다면 다음 4가지를 깊이 생각해 보라. (1) 보화란 우리가 가장 가치를 두고 있는 것. (2)보화란 우리들이 가장 빼앗기기 싫어하는 것. (3)보화란 우리가 자유롭게 생각할 때마다 가장 많이, 여러 차례 우리의 생각이 향하는 것. (4)보화란 우리에게 가장 큰 기쁨을 주는 것이다.

기독교에서 가장 놀라운 영광 중의 하나는, 믿음과 사랑이 낮은 가치를 높은 가치로 변화시킬 수 있다는 점이다. 믿음과 사랑이 있다면 지상의 소유물도 하늘의 보화로 변화될 수 있다. 예를 들어 20달러 지폐는 그 자체는 아무런 쓸모가 없으나 그것이 가난한 어린이들을 먹일 수 있는 달걀이나 우유나 과일로 변화될 수 있다.

육체적 혹은 지적 능력들은 그것 자체로 가치가 있지만, 보다 더 높은 가치로 변화될 수 있다. 즉 가족 구성원을 성장시키는 가정이나 교육 같은 것으로 될 수 있다. 하나님이 인간에게 주신 선물인 언어도 상처받은 이들을 위한 위로와, 소망이 없는 자에게 희망이 될 수 있고, 그보다 더 높은 것, 즉 가장 높으신 하나님께 향한 기도와 찬송으로 올라가게 될 수도 있는 것이다.

돈같이 기본적인 것도 영원한 보화로 변화될 수 있다. 돈은 배고픈 자를 위한 음식물이나 가난한 자들을 위한 의복으로 바뀔 수 있다. 또한 선교사들이 영혼을 구하는 일을 도움으로써 하늘의 가치로 변화될 수 있다.

일시적인 부도 영원한 부로 바뀔 수 있다. 그리스도께 드려지면 무엇이나 영원해질 수 있다. 가장 높이 계신 하나님께 호산나!

평안 속에서
진정한 현명함이 드러난다
26

하나님께로 돌아가는 것, 그것이 지금 할 수 있는 가장 합리적인 일이다. 그것 말고 다른 선택은 전혀 없다.

역사상 그 어느 때보다도 인류애에 관하여 많이 설교하는 이 세대가, 동시에 가장 비인간적으로 싸우는 세대라는 것은 아이러니이다.

냉전이건 열전이건 간에 가인이 아벨을 살해한 이후 이 순간까지 전쟁은 계속해서 지상에 새잉을 불리왔다. 그 이전에는 그처럼 깊은 적대감, 마음의 소원함, 의심, 상호 비방, 위협, 완벽해지려는 미친 듯한 경쟁, 도시 전체를 쓸어 버릴 수 있는 가공할 무기들이 없었다.

인간 역사에서 장군들이나 정치가들의 말이 마치 묵시처럼 들리기 시작하였고, 과학은 세계에 종말을 가져올 만한 능력 있는 전쟁 물자를 양산했다.

상냥한 말솜씨를 가진 여신(女神)인 과학은 얼마 전까지만 해도 성경을 믿고 따를 가치가 있는 것이라고 웃으며 말했다. 그런데 이제는 세상을 인간이 만든 천년 왕국으로 인도하였다. 오늘날의 과학은 꼬리만 한번 세차게 휘둘러도 세계를 무너뜨릴 수 있는 거대한 용 같은 존재로 군림하고 있다.

세계는 평화를 부르짖는다. 평화란 전쟁이 없다는 뜻이다. 그러나 대부분 그 말에 담긴 다른 뜻을 간과하고 있다. 그 말 안에는 마음의 평정도 담겨 있다. 마음의 평정을 구하지 않는다면, 세계가 제아무리 평화를 구한다 해도 그것은 얻을 수 없는 꿈을 구하는 것일 뿐이다. 적의와 좌절을 느끼게 하는 변덕스럽고 신경질적인 인간들에게 의존하거나, 세계를 끝없는 미궁으로 몰고 가려는 사람들에게 의지해 세계 평화를 이루려고 하는 한, 국가 간의 평화는 없다.

수많은 책들이 평화를 이야기하지만, 내적 평정은 이 땅 어디에서도 찾아볼 수가 없다. 평화는 배움의 전당에서도 사라져 버렸다. 만일 찾을 수 있다면 비천한 사람들 가운데에서나 찾을 수 있을 것이다.

한때 인간은 삶의 한 방식으로 철학을 구했다. 그것으로부터 인간은 자신의 운명에 만족하고 인간과 자연에 대해 인내하도록 배웠다. 소크라테스나 마르쿠스 아우렐리우스, 에픽테투스 등은 흐루시초프나 나세르나 티토를 가르칠 수 있었을는지 모른다. 그러나 그들은 배우려고 하지 않을 것이다. 각 세대마다 '너무 성급하게 날뛰는' 증오, 탐욕, 야심 등이 국가 지도자들을 야만적으로 내몰아서 자신들의 악한 목적을 위해서라면 죽이고 파괴하도록 만들고 있다.

세상에서 붕괴의 예를 찾기 위해 왕들이나 장군들을 애써 찾을 필요는 없다. 아무 길모퉁이에나 가 보라. 분주한 길거리로 차를 몰고 가 보라. 버스에 급히 올라타거나 내리는 무리들을 얼른 살펴보라. 집을 사거나 팔려고 해보라. 타락한 인간들의 아들들 가운데서는 마음이나 생각의 평화를 찾을 수 없다.

진정한 평화는 하나님의 선물이다. 그리고 그 진정한 평화는 죄 없는 자녀들의 생각 속에서, 참된 그리스도인의 마음속에서만 찾을 수 있다. 주는 그의 지상 사역의 마지막에 "나의 평안을 너희에게 주노라"고 말씀하셨다.

"내가 너희에게 주는 것은 세상이 주는 것 같지 아니하니라 너희는 마음에 근심도 말고 두려워하지도 말라"(요 14:27).

정말 중요한 문제에 대해서는 세상이 우리를 돕지 못한다는 사실을 우리 그리스도인들이 자각해야 한다. 교육가도, 국회의원이나 과학자도 우리에게 내적 평정을 가져다 줄 수 없다. 그리고 이러한 마음의 평정이 아닌 다른 어떤 것을 그들이 준다 해도 아무런 소용이 없다. 나도 반생(半生) 이상 그들의 약속에 관하여 들어왔으나, 그 가운데 하나도 이루어지지 않았다.

하나님께로 돌아가는 것, 그것이 지금 할 수 있는 가장 합리적인 일이다. 그것 말고 다른 선택은 전혀 없다.

"주여 영생의 말씀이 계시매 우리가 뉘게로 가오리이까"(요 6:68).

타락한 인간들이 자신이 한 약속은 지키지 못하면서도 위협은 잘하고 있다는 점은 아이로니컬한 일이다. 그들은 수십 년 동안 화평과 형제애가 가득 찬 전쟁 없는 세계를 약속해 왔다. 그러나 결과는 어떤가? 몇 가지 질병을 막고, 단추 하나로 원격 조정을 할 수 있는 나약하고 안이한 생활을 제공받았을 뿐이다. 덕분에 생명이 약간 연장되어 주변 사람들이 죽음을 맞이하는 것을 그들보다 좀 더 오래 남아 지켜볼 수 있게 되었다. 한편에서는 수년이 지나면 사람들은 우리를 강제로 은퇴시키고, 우리를 이해하지도 못하고 우리가 이해할 수도 없는 세계, 우리를 위한 자리가 없는 세상으로 쫓아낸다.

그런가 하면 원자탄, 수소 폭탄, 대륙 간 미사일, 핵잠수함들이 바다 밑으로부터 발사되어 우리를 죽음으로 몰아넣을 수도 있다. 이런 장치는 이미 거의 완벽하게 갖추어져 있어서 어느 대통령이나 국가 책임자가 미숙한 성품을 갖고 있다면 어느 때든지 사용할 수 있게 되어 있다.

이러한 모든 것들을 살펴볼 때, 야곱의 하나님을 소망으로 삼고 만세 반석에 피난처를 구한 사람은 얼마나 현명한가! 그는 위협을 가해야만 선을 행하는 세계를 부인하고 구세주에게로 도망한 것이다. 구세주는 위협을 가하시기 전에 오랫동안 기다리시면서 약속을 성취하실 준비를 하시는 분이다.

세상은 그리스도인을 과소 평가해 왔던 것이 분명하다. 그날이 오게 되면 그들은, 마치 하나님을 잊어버렸던 도시들이 불타는 것을 바라보았던 아브라함처럼 불타는 평원 위에 서게 될 것이다. 그날에는 과학도 학문도 그 불을 끌 수가 없다. 그러나 그리스도인은 갈보리를 바라보면서 자신에게서는 심판이 지나간 사실을 알게 될 것이다.

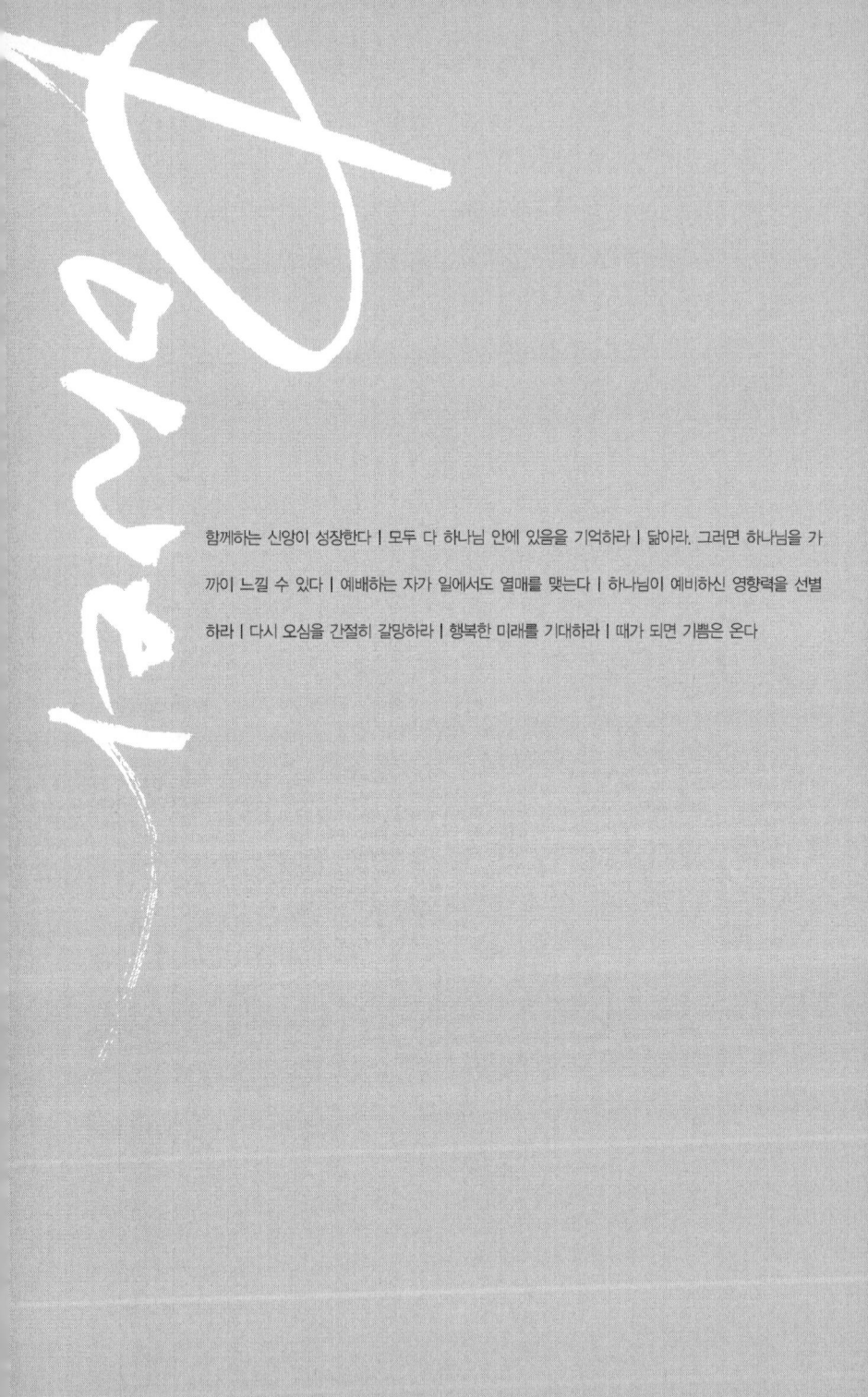

함께하는 신앙이 성장한다 | 모두 다 하나님 안에 있음을 기억하라 | 닮아라. 그러면 하나님을 가까이 느낄 수 있다 | 예배하는 자가 일에서도 열매를 맺는다 | 하나님이 예비하신 영향력을 선별하라 | 다시 오심을 간절히 갈망하라 | 행복한 미래를 기대하라 | 때가 되면 기쁨은 온다

제4부
행복한 미래를 기대하라

함께하는 신앙이 성장한다

27

우리는 하나님의 양이다. 그러므로 양떼들과 함께 사는 것이 우리의 속성이다. 간혹 목자를 놓치더라도 목자를 다시 찾기 위해 양떼들이 있는 곳으로 가기만 하면 된다. 목자는 언제든지 그의 양떼들과 함께 계신다.

이해가 빠른 사람이라면 신약성경을 읽고 기독교 신앙의 공동체적 성격에 즉시 충격을 받을 것이다. '우리들', '그들'과 같은 사회성 짙은 대명사들이 곳곳에 등장한다. 하나님의 이상(理想)은 신앙의 교제, 즉 그리스도인 공동체였다. 결단코 많은 무리의 신자들로부터 떨어져 나와 개인적으로 구원을 받아 누리라고 하지 않으셨다.

물론 누구든지 하나님과 개인적으로 만나야 한다. 그리고 이러한 만남은 무리에서 떨어져 나와 외롭고 조용한 가운데서 이루어져야 한다. 하나님께서 거듭나게 하는 은혜로 역사하시는 신비한 역사나, 성령이 기름 부으시는 한 단계 더한 역사는 고도로 개별적인 과정이기 때문에 제삼자는 무슨 일이 일어나고 있는지 이해하지도 못하고 알지도 못하는 것이다.

다른 사람과는 같이 나눌 수 없는 깊고 완전한 내적인 체험들이 있다. 성경에 보면 벧엘과 브니엘에서의 야곱, 불타는 떨기나무에서의 모세, 겟세마네 동산에서의 그리스도, 밧모섬에서의 요한 등의 이야기가 나온다. 그리스도인 자서전에는 훨씬 더 많은 이야기가 있다. 믿는 자들의 공동체, 공동 사회는 이처럼 개인적인 체험을 통해 하나님을 만났던 사람들로 구성되는 것이다.

가족이 아무리 대가족에 속해 있더라도 모든 사람은 다 개별적으로 태어나야 한다. 쌍둥이, 세 쌍둥이조차도 한 번에 하나밖에 낳을 수 없다. 각 지역 교회에서도 마찬가지다. 각 회원은 반드시 개별적으로 태어나지 않으면 안 되는 것이다.

분별력 있는 독자라면, 모든 자녀들은 각각 다른 이로부터 떨어져서 탄생하나 결국 가족 안에서 나게 되고, 또한 그 후에는 가족의 다른 구성원과 함께 살지 않으면 안 된다는 사실을 알게 될 것이다. 마찬가지로 개인적인 회개와 믿음의 과정을 거쳐 그리스도께 나오게 된 자는 가족 구성원으로 탄생하게 되는 것이다.

교회는 하나님의 집으로, 어린 그리스도인을 기르기에 아주 이상적인 장소다. 어떤 아이든지 혼자 놓아두면 정상적인 어른으로 자라날 수 없듯이, 그리스도인도 다른 그리스도인과 교제가 없으면 영적으로 큰 결함이 생겨 고통스러워한다. 그 결과 정상적으로 발전하지 못하며, 자신의 것만 지나치게 챙기고 다른 이는 전혀 배려하지 않게 된다. 하나님께서는 서로를 필요로 하게끔 우리를 창조하셨다.

물론 우리는 골방에 들어갈 수 있고, 또한 들어가야만 한다. 그곳에서 하늘에 계신 아버지께 비밀스럽게 기도해야 한다. 그러나 기도를 마치고 무리 속으로 돌아가지 않으면 안 된다. 그곳이 바로 우리가 속해 있는 곳이기 때문이다.

종교적인 가족 안에서 산다고 해서 그곳에서 이루어지는 모든 일에 찬성하라는 말은 아니다. 이스라엘의 선지자들은 종종 그들의 백성을 책망하고 경고해야 했다. 그러나 백성들은 결코 유대주의라는 내면을 떠나지 않았다. 그리스도까지도 안식일마다 가셔서 다른 이들과 같이 섬기셨다.

사도시대 이후 개혁자들과 부흥 운동가들은 언제든지 사람들과 가깝게 지냈다. 덕분에 그들이 외롭고 극단적인 어려움을 겪을 때에도, 자신들의 괴로운 심정을 위로하고 도와줄 수 있는 같은 마음을 가진 무리들을 찾을 수 있었다. 그들이 보인 예가 계시된 진리의 권위를 갖는 것은 아니나, 우리가 족히 따를 수 있는 법칙을 마련해 준 것이다.

어떤 이든지 혼자 살아도 충분할 만큼 현명하거나 선하거나 강한 자는 없다. 하나님께서는 여러 가지 면에서 우리가 서로 의존하도록 만드셨다. 형제들로부터 어떻게 일을 하는지 배우고, 또한 어떤 일들은 하지 않아야 하는지도 배운다.

가수는 노래를 잘 부르기 위해 자신의 고질적인 결점을 고쳐야 하는데, 그러기 위해서는 반드시 지도를 받아야 한다. 오직 자기 자신이 하는 설교만 듣는 설교자는 가장 나쁜 특성까지도 뛰어난 것으로 받아들이기 쉽다. 자신이 가진 것 가운데 무엇을 고쳐야 하는지 알기 위해서는 다른 이들의 말에 귀를 기울여야 한다.

도덕적이고 영적인 문제에 관해서도 마찬가지다. 약하고 결점 많은 그리스도인을 보았다면, 그들 모르게 그 생활 방식을 피할 수 있다. 또한 경건하고 열매 맺는 성도를 보았다면, 그 모습에서 자극을 받아 스스로 더 온전한 생활을 하기 위해 노력해야 한다.

우리는 하나님 다음으로 서로를 필요로 한다. 우리는 하나님의 양이다. 그러므로 양떼들과 함께 사는 것이 우리의 속성이다. 간혹 목자를 놓치더라도 목자를 다시 찾기 위해 양떼들이 있는 곳으로 가기만 하면 된다. 목자는 언제든지 그의 양떼들과 함께 계신다.

모두 다 하나님 안에 있음을 기억하라
28

젊은이여, 하나님이 축복하시기를 바랍니다. 두려워할 것 없어요. 조금만 있으면 나는 요단강을 건너갑니다. 강 양편 다 내 아버지 땅이에요.

사색과 기도, 성경에 관한 영적 이해가 이루어지면 모든 것이 하나에서 시작한다는 것을 깨닫게 된다. 따로따로 떨어진 것 같고 서로 관련이 없는 듯한 수백만 가지 현상도, 결국은 하나의 단일한 전체의 서로 다른 양상에 지나지 않는 것이다. 모든 것들은 다른 모든 것과 관련되어 있다.

하나님이 한 분이라는 것을 알면 그 깨달음은 더 빨리 찾아온다. 하나님의 모든 말씀과 행위는 하나님께 관련되어 있기에 서로서로 관련이 있다. 하나님께서는 역사 속에서 자신을 세상의 구속자로 나타내셨는데, 인간이 받아들이기 쉽도록 '여기에서 조금, 저기에서 조금씩' 나타내셨다. 그리고 하나님은 자신을 분별할 수 있게 이전에 나타내셨던 것과도 일치되도록 나타내셨다.

하나님 안에는 과거도 미래도 없고, 오직 연속적이고 온전한 현재만 있을 뿐이다. 하나님 안에서는 역사와 예언이 하나이며 같다. 인간은 시간 속에 살기 때문에 예언이라는 것은 미리 말해진 역사이며, 역사는 성취되어진 예언이라고 말해야 맞을 것이다. 그러나 그것은 오직 우리가 시간 속에 있기 때문이다. 우리는 예언된 사건들을 바라보고 있고, 또한 발생했던 사건들을 뒤돌아보게 된다.

그러나 하나님께서는 모든 것을 포괄하시는 자신의 존재 속에 과거와 미래를 포함하신다. 하나님께서는 모든 사건이 이미 일어났던 것이다. 보다 더 정확하게 표현한다면 일어나고 있다고 해야 할 것이다. 하나님께는 지나간 일들의 기억이라든가 장차 올 일들의 기대라든가 하는 것이 있을 수 없다. 그분 앞에서는 과거와 미래의 모든 것들에 관한 지식이 오직 순간적인 현재로써 있는 것이다.

하나님께는 모든 것이 언제나 변함이 없으며 그가 품고 있는 생각도 언제나 한결같은 것이다. 하나님이 하시는 모든 생각은 모든 다른 생각도 포함한다.

  하나님이 죄나 의에 대하여, 생명과 사망에 대하여 그리고 인간의 비극에 대하여 가지고 계신 태도는 변화되지 않고 인간이 역사의 흐름 속에 탄생하기 전, 어두웠던 창조 전의 그것과 정확하게 동일한 상태로 남아 있는 것이다.

  구약성경이 신약성경과 근본적으로 다르다는 말은 잘못되었다. 하나님께서는 두 가지를 다 쓰셨다. 그리고 그 속에서 그의 모든 창조적이고 구속적인 행위들을 뒷받침하는 영적 법칙들을 나타내셨다. 이 법칙들은 그곳이 하늘이든 땅이든 지옥이든 적용되어 영향을 미치는 곳에서는 하나인 것이다.

  성경은 하나님이 피조물을 만지실 때 하나님으로서 하시는 행동을 나타내 준다. 변함이 없으신 하나님은 결코 변하지도 않고, 사라지지도 않는 도덕적이고 영적인 원리들에 따라 행동하시는 분으로 성경 속에 나타나게 된다.

  이러한 모든 것들 가운데 죄 또한 고려하지 않으면 안 된다. 죄는 하나님께서 잠시 동안 이 땅에서 미친 듯이 날뛰도록 허락하신 신비스런 악이다. 혹은 특별하게 정해진 제한된 우주 속에서 미친 듯이 날뛰도록 하나님이 죄를 허락하고 계시다고 말해야 할 것이다.

  죄는 분열과 분리와 불일치를 가져왔고, 그로 인해 근본적으로 하나인 우주가 분리된 것이다. 좀체 이해할 수 없더라도 사실로 인정해야 한다. 우리가 모든 것을 알게 되고 도덕적이고 지적으로 영광스럽게 되어 그것을 취급할 수 있기 전까지는 그에 대한 최종 결론을 내리지 않는 것이 좋다.

그때가 되면 하나님께서 모든 일들을 잘하셨다는 것을 알게 될 것이다. 더 이상의 증거가 없어도 믿어야 한다. 믿음은 하나님의 성품을 신뢰하는 것이다. 하나님이 완전하신 분이라고 믿으면 하나님의 방법 또한 완전하다고 믿어야 한다.

모든 물건, 혹은 일들의 단일성에 관한 개념이 성경 전체에 걸쳐 흐르고 있다. 예배 신학에서도 강조하고, 찬송에도 종종 나타난다. 워즈워스도 그것에 관해서 시를 많이 썼다. 〈전주곡〉(The Prelude)이라는 그의 긴 시에서는 세계에 대한 기구적(機構的)인 일체성을 찬양하고, 또한 모든 단순한 것도 피조된 전체의 일부분이라고 표현했다.

그리스도의 구속 사역으로, 유일하게 우주를 분리하는 요소인 죄를 궁극적으로 추방할 수 있을 것이고, 마침내 모든 것이 통일될 수 있을 것이다.

"아버지께서는 모든 충만으로 예수 안에 거하게 하시고 그의 십자가의 피로 화평을 이루사 만물 곧 땅에 있는 것들이나 하늘에 있는 것들을 그로 말미암아 자기와 화목케 되기를 기뻐하심이라"(골 1:19-20).

그리스도인의 영혼이 그리스도에게 가까워지는 체험을 가지면 가질수록, 개인의 내적 단일성은 좀 더 온전해져 간다.

구약시대 선지자들이나 시편 기자들도 우주 속에 있는 악의 문제를 두고 우리처럼 씨름하였다. 그러나 그들이 하나님께 접근하는 방법은 우리보다 더욱 적극적이었다. 그들은 우리가 소위 자연법칙이라고 부르는 불명료한 거미줄 같은 것을 하나님과 세계 사이에 끼워 놓지 않았다. 그들은 회오리바람 속에서 하나님을 볼 수 있었고, 폭풍우 속에서 하나님의 음성을 들을 수 있었다.

그들은 생활 곳곳에서 하나님이라고 즉시 깨달을 수 있는 것들을 많이 만났다. 그들은 오늘날 우리들처럼 비인격적인 법칙들 속에서 외로워하지 않았다. 하나님께서는 그들에게 좀 더 가까이 계셨으며, 하늘과 땅에 있는 모든 것들이 하나님의 세계인 것과 하나님께서 그것들을 지배하고 계시다는 것을 확신할 수 있도록 만들어 주었다.

언젠가 감리교 감독에게서 이런 말을 들었다. 그가 젊은 교역자였을 때 병상에 누운 늙은 여인을 찾아갔다. 죽음을 불과 몇 시간 앞에 둔 듯한 그 여인 앞에서 감독은 사실 두려웠다고 내게 고백했다. 그런데도 그 여인은 아주 편안한 모습이었고 대단히 행복해했다. 그는 애써 입을 열어 그 여인의 죽음이 자신에게 큰 슬픔이라고 말했다. 그러나 여인은 별로 중요하게 생각지 않았다.

"젊은이여, 하나님이 축복하시기를 바랍니다. 두려워할 것 없어요. 조금만 있으면 나는 요단강을 건너갑니다. 강 양편 모두 내 아버지 땅이에요."

그 여인은 모든 것의 단일성을 이해하고 있었던 것이다.

닮아라.
그러면 하나님을 가까이 느낄 수 있다
29

사람들은 마치 하나님이 가장 멀리 있는 별들보다 더 멀리 계신 것처럼 생각한다. 그런데 사실 하나님은 우리 자신보다도 우리에게 더 가까이 계시다.

많은 그리스도인이 가장 심각하게 생각하는 문제는 하나님이 자신들에게서 멀리 계시다는 느낌, 그리고 자신들이 하나님으로부터 멀리 떨어져 있다는 느낌이다. 이런 느낌으로 힘들어하는 동안에는 주 안에서 즐거움을 누리기가 어렵다.

이 문제는 지적인 성질의 것이 아니다. 그러므로 지적인 방법으로 해결할 수도 없다. 그러나 진리라는 것은 마음에 들어가기 전에 먼저 머리에 들어가야 한다. 한번 이치를 따져 보자. 영적인 문제를 다룰 때는 공간의 개념을 단호하게 뽑아내 버려야 정확하게 생각할 수 있다.

하나님은 영이시다. 영은 공간에 거하지 않는다. 공간이란 물질과 연관이 있다. 그러나 영은 물질과는 별개다. 우리는 공간이라는 개념을 통해 물체 상호간의 관계성을 생각할 수 있다.

하나님은 공간적으로 가깝다 멀다 할 수 있는 존재가 아니다. 왜냐하면 하나님은 여기 계시거나 저기 계신 것이 아니고 마음속에서 여기저기로 옮기시기 때문이다. 공간은 생각처럼 무한하지 않다. 오직 하나님만이 무한하시다. 그리고 그 무한하심 속에서 모든 공간을 삼키신다. "내가 하늘과 땅을 채우는 것이 아니냐?"고 주께서 말씀하셨다. 하나님께서는 하늘과 땅을 채우시되 마치 바닷물 속에 잠긴 물통이 채워지듯이 채우신다. 하나님은 바닷물이 물통 주위를 둘러싼 것처럼 그가 채우고 계신 우주를 둘러싸고 계시다.

"하늘들의 하늘도 당신을 품을 수가 없나이다."

하나님이 포함되시는 것이 아니라, 하나님이 포함하고 계시다.

우리는 땅에서 태어난 피조물로서 땅의 유추법으로 생각하려는 경향이 있다.

"땅에서 난 사람은 땅에 속하여 땅의 것을 말하느니라."

하나님께서 우리를 살아 있는 영으로 만드셨고, 거기에 육신을 주셨다. 우리는 그 육신을 통해 주변 세계를 체험하고 서로 교통한다. 인간이 죄로 인해 타락한 순간, 인간은 자신을 영 자체로 생각지 않고 영을 가진 독립적 존재라고 생각하기 시작하였다. 자신을 영을 가진 육신이라고 믿느냐, 혹은 육신을 가진 영이라고 믿느냐는 엄청난 차이가 있다. 영은 내적이고 숨겨져 있는 반면, 육신은 감각에 언제나 노출되어 있다. 그래서 사람마다 육신을 의식한다.

한편 가깝다든지 멀다든지 하는 생각은 물리적인 개념을 우리는 대단히 자연스럽게 느낀다. 그러나 물질성은 오직 도덕적인 피조물에게 적용할 때만 유효하다. 그것을 하나님께 적용하려고 하면 맞지 않을 수도 있다.

그럼에도 불구하고 우리가 하나님으로부터 '멀리' 떨어져 있다고 말하는 경우가 있다. 주께서는 이스라엘에 관하여 말씀하시기를 "그들의 마음이 나에게서 멀도다"라고 하셨다. 하나님과의 관계를 두고 멀다 혹은 가깝다고 정의 내리는 것이다. 다만 여기서 거리는 물리적인 개념이 아니다.

하나님께서는 모든 피조물과 언제든지 똑같은 거리를 두고 계신다(시 139:1-18). 그럼에도 어떤 존재는 하나님과 가까이 있다고 느끼고, 다른 존재는 멀리 있다고 느낀다. 그것은 그들이 도덕적으로 하나님과 얼마나 가까우냐에 따라 결정되는 것이다. 피조물들 사이를 그리고 인간과 하나님 사이를 멀게 느끼게 하는 것은 닮지 않은 모습 때문이다.

두 개의 피조물이 서로 맞닿을 정도로 물리적으로는 가까이 있으나 그러면서도 수백만 킬로미터나 떨어져 있는 것처럼 느끼는 것은 성격이 전혀 다르기 때문이다. 천사와 원숭이가 같은 방에 있을 수도 있으나 그들의 성품이 본질적으로 다르기 때문에 교통하기란 불가능하다. 그들은 지척에 있으면서도 사실상 서로 '멀리' 떨어져 있는 것이다.

이처럼 인간과 하나님 사이가 도덕적으로 같지 않기 때문에 성경에서는 소원(疎遠)이라는 말을 사용하는 것이다. 성령께서는 인간의 성품이 하나님으로부터 얼마나 떨어져 있는지 무섭도록 정확히 보여 준다.

타락한 인간의 본성은 예수 그리스도 속에 나타난 하나님의 본성과는 정반대다. 두 본성 사이에 도덕적인 공통성이 없기 때문에 교통이란 있을 수 없다. 그리하여 물리적인 거리감, 즉 하나님께서 공간 속에 멀리 계시다는 느낌을 갖게 되는 것이다. 이러한 잘못된 개념 때문에 기도가 방해를 받고, 또한 죄인들이 믿고 생명 얻는 것을 방해하는 것이다.

바울은 아덴 사람들에게, 그들 가운데 어느 누구도 하나님에게서 멀리 있지 않다고 상기시키면서 격려했다. 그들이 하나님 속에서 살고, 움직이고, 존재하고 있다고 가르쳤다. 그런데도 사람들은 마치 하나님이 가장 멀리 있는 별들보다 더 멀리 계신 것처럼 생각하였다. 사실 하나님은 우리 자신보다도 우리에게 더 가까이 계시다.

  그러나 죄인이 죄를 깨달았을 때, 자신의 삶 속에서 하나님으로부터 자신을 떼어 놓는 그 큰 수렁에 어떻게 다리를 놓아 연결할 것인가? 그리스도가 해답이다. 예수께서는 십자가의 피를 통하여 모든 것을 자신 앞에서 화목시킬 수 있는 평화를 만드셨다.

"전에 악한 행실로 멀리 떠나 마음으로 원수가 되었던 너희를 이제는 그의 육체의 죽음으로 말미암아 화목케 하사 너희를 거룩하고 흠 없고 책망할 것이 없는 자로 그 앞에 세우고자 하셨으니"(골 1:21-22).

  새로 태어남으로써 우리는 하나님의 성품에 참여하게 되었다. 우리와 하나님 사이의 비유사성을 없애는 일이 시작된 것이다. 그것으로부터 성령의 성결케 하는 작용이 하나님께서 만족하실 때까지 진행되는 것이다. 그것이 신학이다. 다시 말하거니와 거듭난 영혼까지도 때로는 하나님이 자신으로부터 멀리 있다는 느낌 때문에 고통스러워 한다. 그런 경우에 그는 어떻게 해야 할 것인가?

  첫째로 그 문제는 수백 가지 이유 가운데 하나 때문에 하나님을 인식하는 교제로 들어가는 것을 잠시 방해하는 것에 지나지 않을 수도 있다. 치료 방법은 믿음이다. 하나님의 빛이 되돌아오기까지 어둠 속에서 하나님을 의지하라.

  둘째로 기도함에도 불구하고, 믿음이 있음에도 불구하고 계속 떨어져 있는 듯한 느낌이 든다면 내면을 살펴보면서 잘못된 행실을 찾아내야 한다. 하나님은 잘못된 행실, 악한 생각, 성격적인 결점 등을 싫어하신다. 그리하여 당신과 하나님 사이에 심리적인 구렁을 만드시는 것이다. 당신에게서 악을 제거하라. 믿으면 가깝다는 느낌이 다시 회복될 것이다. 하나님께서는 처음부터 멀리 계시지 않았다.

예배하는 자가
일에서도 열매를 맺는다

30

경배하지 않으면, 우리가 어떤 일을 해도 하나님께서 용납하지 않으신다는 사실을 알아야 한다. 성령께서는 경배하는 마음을 통하여 일하신다. 어떤 이는 마지못해 종교적인 활동을 하면서 자신을 기만할 수도 있다. 그러나 계속 그렇게 하다가는 장차 올 날에 크게 실망할 수도 있다.

일과 경배의 상대적인 중요성을 이해하기 위해서는 '인간의 최고 목적이 무엇인가' 라는 질문에 대한 해답을 알아야 한다.

"하나님께 영광 돌리고 그를 즐거워하는 것"이라는 교리 문답에서 명확한 해답을 찾기는 어렵지만, 유일한 개요이므로 이것을 좀 더 살펴봄으로써 만족스러운 답을 구할 필요가 있다.

 하나님께서 창조하신 원래의 목적은 영적으로 지적으로 하나님을 경배할 수 있는 도덕적인 존재들을 준비하시는 것이었다. 이것은 수세기 동안 계속적으로 신학자들과 성경 주석가들이 널리 받아들이고 있는 견해이기 때문에 여기에서 다시 증명해 보려는 시도는 하지 않을 것이다. 성경에서 충분히 가르치고 있고, 또 여러 성도들이 충분히 증명해 왔다. 그러므로 이것을 공통적인 이해로 두고, 여기에서부터 시작해도 좋을 듯싶다.

 하나님께서는 한때 완전한 아름다움 속에서 삼위일체 하나님의 인격들로 서로 사랑하셨다.

 하늘과 땅이 아직 지어지기 전
 시간이 알려지기도 전에
 당신은 더없는 기쁨과 위엄 속에 거하시었고
 사랑하셨나이다.

 그 다음에 하나님께서는 "하늘과 땅에 있는 보이는 것과 보이지 않는 모든 것을 만드셨다. 보좌이건, 주권이건, 정사이건, 권세이건, 모든 것을 만드셨다." 모든 것들이 그에 의해서 만들어지고 모든 것이 그를 위해 만들어졌다.

 참으로 놀랍습니다,

주의 창조와 주가 축복하신 그 역사가.
아, 주는 과연 어떤 분이신가요,
영원한 사랑이시여!

　하나님은 모든 아름다움의 실재이시다. 도덕적인 존재가 알고 바랄 수 있는 모든 영적 아름다움의 근원이시다. 하나님께서는 형언할 수 없는 거룩하신 사랑으로 스스로를 사랑하신다. 우리 타락한 피조물들은 오직 이 거룩한 사랑을 얼굴에 수건을 덮은 채 바라볼 수 있고 잠잠한 외경심을 가지고 말할 수 있을 뿐, 우리는 전혀 알 수 없는 것임을 겸손히 받아들여야 한다.
　신학에서 타락이라고 일컫는 도덕적 파멸 때문에, 창조 당시의 모든 것이 제위치에서 풀려져 나와 말 그대로 엉망진창이 되었다. 하나님을 경외하고 공경하도록 특별하게 만들었던 인간들이 떠나 버렸다. 그러더니 급기야 자기 자신을 먼저 사랑하고 쾌락이나 탐욕에 빠져 가치 없고, 겉보기에 번지르르한 것들만 사랑하기 시작했다.
　로마서 1장에 보면 인간의 마음이 하나님을 아는 지식에서부터 바닥으로 추락하여 저지른 육적인 죄와 천한 우상 숭배에 대해 기술하고 있다. 역사란 인간의 죄악 된 역사에 지나지 않으며, 일간 신문은 그것을 계속해서 주석하는 것에 지나지 않는다.
　그리스도의 구속 사역은 그 불가해성에도 불구하고 대단히 단순하고 이해할 수 있는 목적을 가지고 있다. 그것은 타락한 인간을 회복시키고, 또한 삼위일체 하나님을 공경하고 사랑하게 하기 위한 것이다. 하나님께서 사람을 구원하신 것은 그들로 하여금 예배자들이 되게 하기 위한 것이다.

오늘날은 이 같은 사실을 잊고 있다. 자유주의자들이나 이단론자뿐 아니라 복음주의자들도 마찬가지다. 우리들은 새로운 개종자들에게 우리의 가르침을 통하여, 이야기를 통하여, 모범을 통하여, 심리 상태를 통하여, '주를 위하여 일하러 가도록' 강요하는 것이다. 하나님께서 그들을 구원하신 것은 그들을 통하여 섬김을 받으려 하심이라는 사실을 등한시 한 채, 마치 하나님께서 노동자들이나 모으시는 것처럼 '봉사' 하도록 우리가 그들을 몰아 대는 것이다.

하나님께서는 하나님께 영광을 돌리고 그를 영원히 즐거워할 수 있게 도덕적인 존재들로 회복시키려고 노력하신다. 해야 할 일이 없다는 이야기가 아니다. 분명히 있다. 하나님께서는 친절한 사랑을 통해서, 구속받은 자녀들 속에서, 또 자녀들을 통해서 일하신다. 우리 주께서도 제자들에게 추수하는 주인에게 밭으로 일꾼들을 보내 달라고 기도하라고 명하셨다.

우리가 등한시하기 쉬운 점은 먼저 경배하는 자가 되지 않으면 일하는 자도 될 수 없다는 사실이다. 경배로부터 흘러나오는 일이 아니면 비옥하지 못하여 나무나 풀이나, 짚밖에는 될 수가 없다.

경배하지 않으면, 우리가 어떤 일을 해도 하나님께서 용납하지 않으신다는 사실을 알아야 한다. 성령께서는 경배하는 마음을 통하여 일하신다. 어떤 이는 마지못해 종교적인 활동을 하면서 자신을 기만할 수도 있다. 그러나 계속 그렇게 하다가는 장차 올 날에 크게 실망할 수도 있다.

오늘날 기독교의 가르침은 두말할 필요없이 경배를 강조해야 한다. 하나님을 경배한다면, 복음에 내포된 실천들을 등한시할 위험성 또한 말끔히 사라진다. 누구든지 신령과 진정으로 하나님을 섬기면, 하나님을 섬기는 거룩한 봉사에 대한 의무를 자연스레 느끼게 될 것이다. 하나님과 교제를 시작하는 순간 순종과 선한 일이 따르게 되는 것이다. 그것이 하나님의 순서다. 결코 뒤바뀌어서는 안 된다.

하나님이 예비하신
영향력을 선별하라

31

> 현명한 그리스도인이라면 하나님께서 그의 생애에 예비하여 놓으신 은혜의 수단들과 영향력의 이점을 이용해 정결케 될 것이다. 현명한 그리스도인은 하나님과 협력하여 은혜를 받아들일 것이다. 나머지는 하나님께서 다 하신다.

우리 모두에게 다행스러운 것이 있다면, 인간의 본성이 고정적이지 않고 유연적이라는 점이다. 모든 인간은 저마다 만들어져 가고 있다. 즉 과거의 모습에서 미래의 모습으로 가고 있는 것이다. 그리스도인도 마찬가지다.

새롭게 태어난다 해서 최종적인 모습이 되는 것은 아니다. 하나님으로부터 태어나는 새로운 어떤 것이 완벽함과 거리가 멀다는 것은, 바로 갓 태어난 아기가 완전할 수 없는 것과 같다.

새로운 인간은 그가 바른 인간이 될 것이냐 죄인이 될 것이냐를 결정하게 될 강력한 힘을 가진 손에 놓여진다. 그의 한 가지 희망은 그가 다음에는 어떤 세력으로 하여금 자기를 형성하게 할까를 선택할 수 있다는 점이고, 그가 자신의 선택으로 자신을 옳은 자의 손에 맡길 수 있다는 점이다. 그러한 의미에서 그는 자신을 형성하는 것이며 최종 결과에 대한 책임을 져야 한다.

그리스도인에게 다른 길은 없다. 그리스도인은 자신을 가장 위대한 예술가이신 하나님의 손에 맡김으로써 자신을 만들어 간다. 그 다음에는 거룩한 영향력과 능력에 복종함으로써 자신을 하나님의 사람으로 만들어 가면 된다. 아니면 미련스럽게 자기 자신을 값 없는 손에 맡기었다가 도리어 잘못 빚어진 그릇이 되어서 인류에게 쓸모 없는 존재가 될 수도 있다.

자신을 만들어 가는 데 아무것도 하지 않아도 되고, 오직 하나님만이 홀로 애쓰시면 된다고 생각하는 이에게 다음과 같은 이야기를 들려주고 싶다. 한 젊은이가 피부를 햇빛에 검게 그을리기로 결정하였다. 자, 그러면 그를 그을려 주는 것은 그 자신인가 혹은 태양인가? 물론 태양이다. 하지만 태양이 피부를 태우려면 먼저 젊은이가 태양에다가 자신을 노출시켜야 한다. 우선 태양 광선에 자신을 내맡겨라. 그 다음은 태양이 다 알아서 처리할 것이다.

이와 같이 옳건 나쁘건 주위에 있는 영향력에 생애를 노출시킴으로써 자신을 형성해 가고 있다. 이제 이 점을 신학적인 관점으로부터 실질적인 데로 끌어내려서 실제로 우리들을 형성하는 몇 가지 능력들을 살펴보자.

● **친구들** 대부분 친구들에게서 많은 영향을 받는다. 가장 영향력 있는 인물들조차도 그들이 어울리는 친구들의 영향을 많이 받는다. 그들은 아마 남을 지배하는 특성 때문에 자신들은 남에게 영향을 끼치고 있을지언정 남으로부터 어떤 영향도 받지 않는다고 할지 모른다. 그러나 누구도 친구의 영향력을 피할 수가 없다.

● **문학** 무엇을 즐겨 읽느냐에 따라 최종적으로 어떻게 될 것인지 결정된다. 책 내용에 마음을 내준다는 것은 토기장이의 손에 진흙을 맡기는 것이나 다름없다. 우리가 읽는 책들이 우리의 됨됨이를 형성시켜 나갈 것이다.

● **음악** 정상적인 사람이라면 음악에서 거부할 수 없는 신비스런 매력을 느낀다. 음악은 마음을 어루만지고, 또 도덕적이건 비도덕적이건 어떤 생각을 받아들일 수 있도록 준비시켜 준다. 이리하여 음악은 의로움으로건, 죄악으로건, 어떤 행동을 할 수 있는 의지를 발전시켜 준다. 음악과 노래가 단순한 오락물이고, 음악의 영향력 정도는 웃음거리밖에 안 된다는 생각은 아주 잘못된 것이다. 음악은 유연한 인간의 영혼에 강력한 창조적 영향을 끼친다.

그리고 그것들의 영구적인 영향력은 그것이 은혜 안에서든 죄악에서든 우리들이 성장하는 데 두드러지게 나타난다.

● **즐거움** 인간의 구조는 어느 정도 즐거움을 필요로 한다. 하프가 음악을 연주하기 위해서 만들어졌듯이 인간은 즐거움을 누리기 위해서 지어졌다. 즐거움이 없다면 인간은 불완전하고 미숙해진다. 죄악은 즐거움을 받아들이는 데에 있는 게 아니라, 잘못된 대상으로부터 즐거움을 얻기 때문에 생기는 것이다. 죽어 가는 어머니가 어린아이를 바라보며 아이가 잘살게 되리라는 것을 알고 웃으면서 죽어 가는 것은 비이기적 즐거움을 보여 주는 온화한 모습이다. 한 남자가 노름을 하면서 즐거워하는 모습은 타락하고 일그러진 즐거움이다. 그리스도인은 어떤 즐거움을 누릴 것인지 잘 선택해야 한다. 왜냐하면 어떤 즐거움을 누리느냐에 따라 그를 고귀하게 만들기도 하고, 천하게 만들기도 하기 때문이다.

● **야망들** 위대한 성도들은 모두 다 야심이 컸다. 그들은 다 내적인 추진력이 강했고, 거기에 힘입어 앞으로 나아갔다. 어느 경우에는 그들이 미처 그것을 감당하지 못하기도 했다. 바울은 그가 그리스도를 알기를 원하고 그의 죽으심과 부활하심의 의미를 충분히 깨닫기를 원하는 야망을 기록한 적이 있다. 또한 자신의 목표를 향하여 나아갈 때 그를 가로막는 것은 다 제쳐놓았다고 하였다.

이와 같은 야망이 있었으므로 그는 가장 높은 영적 완성이라는 정상을 향하여 나아갈 수 있었다. 그러나 육적이고 이기적인 야망들은 정반대 영향을 끼치기도 한다. 우리 모두 자신이 어떤 야망을 품고 있는지 살펴보아야 한다. 왜냐하면 토기장이가 진흙을 빚듯이 그것들이 당신의 사람됨을 형성할 수 있기 때문이다.

● **사고** 그리스도인은 단순하고 일상적인 생각 속에 엄청난 능력이 잠재해 있다는 것을 알아야 한다. 사실 지금까지는 해괴한 신비론자들의 지껄임이나, 인간의 생각을 너무 중시하거나, 혹은 전혀 이해하지 못하는 거짓 종교주의자들 때문에 이러한 귀중한 보화를 값싸게 취급해 왔다. 우리는 그들을 아예 외면해 버렸다. 그래서 인간이라는 존재가 결국 생각하는 대로 만들어진다는 사실을 까맣게 잊어버리고 말았다. 특정한 죄에 관심이 생겨 오직 그 욕망에만 사로잡혀 있다면 누구든 결국 그 죄에 직접 빠지고 말 것이다. 이처럼 모든 경건한 영혼들 역시 자신이 영적으로 묵상하는 바에 따라 삶이 좌우된다는 것을 알아야 한다.

"*대저 그 마음의 생각이 어떠하면 그 위인도 그러한즉*"(잠 23:7).

다른 것들도 있으나 주로 이러한 것들이 우리 인생에 영향을 미친다. 현명한 그리스도인이라면 하나님께서 그의 생애에 예비하여 놓으신 은혜의 수단들과 영향력의 이점을 이용해 정결케 될 것이다. 바꾸어 말하면 악한 영향을 주는 모든 세력과 모든 타락한 영향을 피할 수 있을 것이다. 현명한 그리스도인은 하나님과 협력하여 은혜를 받아들일 것이다. 나머지는 하나님께서 다 하신다.

다시 오심을 간절히 갈망하라

32

환란이 닥치면 그리스도인은 그제야 정신을 차렸고, 주가 다시 오실 것을 갈망하며 기다렸다. 오늘날 빚어지는 이러한 사태는 장차 더 지독한 시대가 임할 것이라는 경고인지도 모른다. 하나님께서는 우리가 이제 그만 세상으로부터 독립하기를 바라신다.

제1차세계대전이 끝나자마자 어떤 남부 설교자가 이런 이야기를 했다. '지금까지 목소리를 높이던 예언 해석가들의 해석이 틀렸다는 것이 증명된 것은 기쁜 일이다. 하지만 그들의 예언이 틀렸다고 해서 축복된 소망을 이야기하는 예언까지 무시해 버리는 것은 아닐지 염려스럽다'는 이야기였다.

그 사람은 선지자였다. 아니, 적어도 인간 본성에 관하여 뛰어나고 빈틈없는 학생이었다. 왜냐하면 그의 예언이 그대로 이루어지게 되었으니 말이다. 오늘날 그리스도께서 다시 오신다는 소망은 복음주의자들 가운데서도 그저 죽어 있는 형편이다.

성경적인 그리스도인이 재림에 관한 교리를 포기해 버렸다는 말을 하는 것이 아니다. 절대로 그럴 수는 없다. 양식 있는 사람이라면 누구나 알고 있듯이 예언적인 신조에 관하여 그들의 신조를 보다 적게 적응시키는 자들이 있기는 하다. 하지만 대부분의 복음주의자들은 그리스도께서 이 땅 위에 실제로, 또한 인격체로 재림하실 것이라고 믿는다. 그리스도께서 승리하신다는 것은 성경이 가진 결코 흔들릴 수 없는 교리 가운데 하나다.

어떤 부분에 있어서는 성경의 예언에 가끔 설명되어 있는 것도 사실이다. 특히 히브리 그리스도인은 근거들을 잘 이해하고 있었으므로, 이방인 신자들이 느끼는 것보다 구약성경의 예언자들에 관하여 보다 가까이 느꼈다.

자기 민족을 사랑하는 그들의 본성 때문에, 그들은 개종될 것이라는 소망과 또한 궁극적으로 이스라엘이 회복될 것이라는 소망을 자연스레 품게 되었다. 그들 대부분은 그리스도께서 돌아오시는 일이 '유대 문제'를 쉽사리, 그리고 행복하게 해결하는 방법이라고 여기고 있다. 오랜 세기 동안 방황하던 일이 그가 실제로 돌아와서 이스라엘 왕국을 다시 회복시키는 때에 끝나게 될 것이다.

히브리 그리스도인을 깊이 사랑한다고 해서 그들이 메시아의 소망에 관하여 가지고 있는 정치적 의미까지도 등한시해서는 안 된다. 우리는 이것으로 인해 그들을 비난하지 않는다. 그것에 관하여 관심을 환기시킬 뿐이다.

그럼에도 내가 이야기한 것처럼 복된 그리스도의 재림의 소망이 우리 가운데서는 그저 죽어 있다. 오늘날 재림은 주로 학문적인 곳이나 정치적인 곳에서만 취급할 뿐이다. 개인적으로 갖는 기쁨의 요소는 좀체 찾아보기가 어렵다.

오 그리스도시여,
주의 성취의 표적을 갈망하고,
주의 재림의 발걸음을 찾다 지친 그들은
지금 어디에 있나이까?

초대교인들의 가슴속에서 그리스도의 오심을 보기 원해 불타던 그 사모함이 지금은 다 소멸된 것 같다.

'갈망'과 '지친'이라는 두 단어는 신학적인 소망과 개인적인 소망을 분명하게 구별지어 준다. 바른 교리를 잘 납득한다는 것으로 그리스도를 대체하기에는 너무 초라하다. 또한 신약성경의 종말론을 친숙하게 안다는 것도 사랑에 불타는 심정으로 그리스도의 얼굴을 보고자 사모하는 마음을 결코 대체할 수는 없다.

  오늘날 그리스도의 재림에 대한 간절한 갈망이 없어진 데는 반드시 까닭이 있을 것이다. 나는 그 이유들도 알고 있고, 그런 사람들도 알고 있다. 그와 같은 사람들은 많다. 그 가운데 하나는 십자가 위에서 죽으신 분의 아름다움보다는 십자가의 유용성을 더욱 강조한 근본주의자들의 신학이다. 구원 받은 사람이 그리스도와 갖는 관계는 개인적이라기보다는 계약적이 되었다.

  그리스도의 사역을 너무 강조한 나머지 그리스도라는 인격은 가리워졌다. 수많은 대체물들이 나와서 그의 존재를 덮어 버리고 있다. '그가 나를 위하여 행하신 것'이 '그분 자체'가 나에게 주는 의미보다 더욱 중요한 것이 되어 버렸다. 구속 사업이 마치 계산대에 마주 앉아 하는 거래처럼 받아들여지면서 감동도 사라져 버렸다. 우리는 누군가를 정말 사랑하는 나머지, 깨어서 기다리며 그가 오심을 사모하는 사람이 되지 않으면 안 된다.

  또 오늘날의 그리스도인은 세상의 안락한 생활에 빠진 나머지 그리스도의 재림을 진정으로 갈망하지 않는다. 선두에 서서 기독교의 모범을 보이고, 내용과 질(質)을 결정하는 지도자들에게는 기독교라는 것이 최근에 눈에 띄게 유익한 것이 되었을 뿐이다. 이 땅에서 금과 은을 쌓아 올리면서 하나님을 쉽게 섬길 수 있다고 생각하는 이들에게 그리스도가 약속하신 황금 거리는 별 관심사가 되지 못한다.

　대부분의 그리스도인이 하늘의 소망을 마치 죽는 날에만 쓰는 일종의 보험인 양 생각한다. 그런 생각에 젖어 건강과 안락을 누리고 있으니 익숙하게 잘 알고 있는 것을 구태여 잘 알지도 못하는 것과 바꿀 까닭이 어디에 있겠는가? 모두들 육적으로 그렇게 생각하면서도 미처 모르고 있을 뿐이다.
　다시 말하지만 최근에는 종교라는 것이 이 세상에서 즐겁고 좋은 재미거리에 지나지 않는다. 그러니 천국이 무엇이 그렇게 급할 것인가? 기독교라는 것도 또 다른 고차원적인 오락물일 뿐이다.
　그리스도가 모든 고통을 당하셨다. 그가 모든 눈물을 흘려 주셨고, 그가 모든 십자가들을 지셨다. 그저 우리는 그리스도께서 아픔을 겪으시고 우리에게 주신 유익을 세상 방식대로 만들어진 종교적 즐거움의 형태로 즐기기만 하면 된다. 그것도 그리스도의 이름으로 수행하기만 하면 된다. 그리스도의 재림을 믿는다며 주장하는 사람들도 똑같은 말만 하고 있는 것이다.

　역사는 고난의 때에 성도들이 위를 바라본다고 알려 주었다. 환란이 닥치면 그리스도인은 그제야 정신을 차렸고, 주가 다시 오실 것을 갈망하며 기다렸다. 오늘날 빚어지는 이러한 사태는 장차 더 지독한 시대가 임할 것이라는 경고인지도 모른다. 하나님께서는 우리가 이제 그만 세상으로부터 독립하기를 바라신다. 세상과 작

별을 고하기를 바라신다. 하나님은 세상과 우리를 떼어 놓기 위해 쉬운 방법을 쓰실 수도 있고, 필요하다면 어려운 방법을 쓰실 수도 있다. 모든 것은 우리에게 달려 있다.

행복한 미래를 기대하라

33

진정한 그리스도인은 완전한 사랑과 마찬가지로 행복한 미래도 안심하고 기대할 수 있다. 사랑이라는 것은 가장 오랫동안 최대한으로 충분한 즐거움을 갖기를 열망하는 것이기에, 그리스도가 우리를 위하여 예비하시고 계시는 미래가 얼마나 기쁜 것이 될지 우리의 능력으로는 도저히 가늠할 수조차 없다.

하나님은 무한히 선하신 분이기 때문에 그 성품에 따라 각각의 피조물들이 각각의 분량껏 충만한 행복을 누리기를 바라신다.

뿐만 아니라 하나님은 전지하시고 전능하시기 때문에 뜻하시는 것은 무엇이든지 성취하실 수 있는 지혜와 능력을 가지고 계시다. 그리스도가 우리를 위해 성육신과 죽으심과 부활을 통하여 이룩해 놓으신 구속 사업은, 누구든지 믿기만 하면 구속하시고 영원한 축복을 보장하신다.

교회에서도 이와 같이 가르친다. 교회가 가르치는 것은 그저 단순한 소망 그 이상이다. 소망에 대한 확신은 구약과 신약성경의 계시에 분명하게 드러나 있다. 또한 그것은 인간의 가장 거룩한 갈망과 일치하는데, 이 사실은 그 진실성을 더욱 확실하게 확증하는 데 도움이 된다. 왜냐하면 마음을 만드신 그분이 그 마음이 가장 깊이 바라는 것을 충족시킬 것도 예비하셨음을 기대할 수 있기 때문이다.

모든 그리스도인이 이것을 믿고 있지만, 사실 하나님 나라에서 펼쳐질 생애를 그림을 보듯 보기란 어려운 일이다. 특히 성경에 적힌 것과 같은 축복을 상속받은 자신들의 모습을 그려 보기란 더욱 어려울 것이다. 이유인즉, 경건한 그리스도인이라면 자기 자신에 대해 아주 잘 안다. 그러므로 자신이 지옥 이상을 받을 자격이 없다는 것도 너무 잘 알고 있다.

자기 자신을 거의 모르는 사람은 자신의 도덕을 가치 있는 것으로 믿고 즐거워한다. 그런 사람은 아무런 어려움 없이 자신이 영원한 하늘의 축복을 상속받을 것이라고 여긴다. 왜냐하면 그의 신앙은 고작 오다가다 얻어들은 성경 구절이거나 혹은 늙은 부인들의 전설에 영향을 강하게 받은 유사(類似) 기독교 신자의 그것과 다름없기 때문이다.

그는 하나님 나라를 그저 더위나 매연이 없는 캘리포니아 정도로 생각할 것이고, 자신이 모든 현대적인 편리함을 갖추고 있는 훌륭한 궁전을 상속받고, 또한 묵직하게 보석이 박힌 왕관을 쓰게 되는 상속자가 될 것쯤으로 생각하고 있다. 거기에 천사들이나 몇쯤 추가시키라. 그러면 오늘날 인기 있는 기독교 신앙에 몰두한다는 이들이 그리는 생애가 완성될 것이다. 오늘날 종교적인 노래랍시고 기타 치며 유행가조로 불러 대는 달콤한 노래 속에 나타나는 하나님 나라가 그런 모습이 아닐까?

오히려 그런 것들이 완전히 비현실적이며 우주의 도덕 법칙에 어긋난다는 것은 아무도 생각하지 못하는 것 같다. 나는 목사로서 미래는 완전히 불확실하지만 그래도 장례식 전에 언덕 속대기 거처에 들어갈 자격을 얻을 수 있도록 죽을 수밖에 없는 사람들을 좀 편하게 해 주려고 노력하고 있다. 그러나 고인에 대해 그들이 알고 있는 모든 것에도 불구하고 감정이 격앙되어 노래를 부르면서 애통은 사라져 버리고 내일 아침이면 모든 것이 다 좋아질 것이라는 헛된 위로는 한마디라도 덧붙이지 않을 것이다.

자기가 지은 무거운 죄를 깨닫고, 갈보리에서 예수님이 "하나님이여, 하나님이여 어찌하여 나를 버리시나이까?"라며 외치는 소리를 들은 사람이라면, 아무도 현대인들이 푹 빠져 있는 헛된 희망 위에서 자신들의 영혼을 쉬게 하지는 않을 것이다. 그는 진정 그리스도의 대속의 죽음으로 예비하여 주신 용서와 죄 씻음과 보호를 거듭 주장할 것이다. 아니, 그래야만 한다.

"하나님이 죄를 알지도 못하신 자로 우리를 대신하여 죄를 삼으신 것은 우리로 하여금 저의 안에서 하나님의 의가 되게 하려 하심이니라"(고전 5:21)고 바울은 적고 있고, 또한 루터도 이러한 믿음의 고백이 인간 영혼에게 무엇을 의미하는지를 보여 주고 있다.

루터는 외쳤다.

"오 주님이시여, 당신은 나의 의(義)이시며 나는 당신의 죄이옵나이다."

죽음 너머에 있는 복된 상태에 대한 확실한 소망은, 반드시 하나님의 선하심과 그리스도께서 십자가 위에서 이루신 속죄의 역사 위에 놓여진 것이어야 한다.

깊고 깊은 하나님의 사랑, 바로 이것이 우리 미래의 아름다움이 흘러나오는 원천이며, 그리스도 안에 있는 하나님의 은혜만이 그 사랑을 우리에게 도달할 수 있게 하는 통로다. 그리스도의 십자가는 죄인이 하나님의 모든 속성에 올 수 있도록 죄인에게 회개하는 도덕적 환경을 만들어 준다. 의로움까지도 우리 편이 될 수 있다. 왜냐하면 "만일 우리가 우리 죄를 자백하면 저는 미쁘시고 의로우사 우리 죄를 사하시며 모든 불의에서 우리를 깨끗케 하실 것이요"(요일 1:9)라고 하셨기 때문이다.

진정한 그리스도인은 완전한 사랑과 마찬가지로 행복한 미래도 안심하고 기대할 수 있다. 사랑이라는 것은 가장 오랫동안 최대한으로 충분한 즐거움을 갖기를 열망하는 것이기에, 그리스도가 우리를 위하여 예비하시고 계시는 미래가 얼마나 기쁜 것이 될지 우리의 능력으로는 도저히 가늠할 수조차 없다. 이때 하나님께서 하실 수 있는 정도는 얼마나 되냐고 물을 수 있는 사람이 있을 수 있을까?

때가 되면
기쁨은 온다

34

우리는 지금 고통 중에 있지만 누구보다 여유가 있다. 왜냐하면 영생이 약속되어 있기 때문이다. 그리고 그때 우리가 누릴 즐거움은 확실하고 순수한 것이며, 알맞은 때에 알맞은 방법으로 임할 것이기 때문이다.

현재를 바로 보기 위해서는 과거를 알아야 한다. 우리의 과거는 그리 은혜스럽지 못했다. 우리의 도덕성에 손상을 입혔고, 또 우리의 창조자를 반역했다.

행복을 잃었다는 것은 그리 중요하지 않다. 왜냐하면 하나님으로부터 격리되면서 벌어진 결과지, 격리 자체는 아니기 때문이다.

그리스도가 구속 사역을 통해 이룬 역사는, 파멸할 수밖에 없는 인간을 의롭게 하고 성결케 하고 또한 궁극적으로 영화스럽게 하는 일이다.

의롭게 함이란 하나님 앞에서 의롭다 선언함을 뜻하고, 성결케 함이란 거룩하게 만드는 것을 말하고, 영화롭게 한다는 것은 전체적인 인격을 하나님의 형상에 따라 다시 만든다는 뜻이다. 이 세 가지를 모두 갖추면 성경에서 말하는 하나님 나라에서 영원히 살 수 있을 것이다.

하나님 나라란 하나의 처소로, 실재한다. 하나님 나라에서는 구속 받은 자가 삼위일체 하나님과 자유롭게 교제할 수 있을 것이다. 더불어 순수한 축복을 확증시켜 줄 것이다.

앞에서 '파멸'(ruin)이라는 말을 사용하면서 이것을 인간과 얽히시켰다. 연설의 효과를 높이기 위해 무책임하게 과장해서 그런 단어를 내뱉은 것이 아니다. 실제로 우리 인간은 영적으로나 도덕적으로나 육체적으로나 파멸 상태에 있다. 지나온 역사와 날마다 두툼하게 찍어져 나오는 일간 신문이 우리의 도덕적 파멸을 증거하고 있다. 수없이 긴 우상들의 행렬, 수천 종의 헛되고 의미 없는 종교적인 실천 등은 영적 퇴락을 여실히 보여 준다. 또한 질병이나 노쇠함이나 죽음이 우리가 육체적으로 완전하게 파괴되어 가고 있음을 증거하고 있다.

우리는 하나님 나라와 지옥의 중간쯤에 떠 있는 세상에서 머물러 있다. 한편으로는 격리되어 있으면서도 또 다른 편으로 완전히 치우치지도 못했다. 우리는 본성이 거룩하지 못할뿐더러 행함으로도 의롭지 못한 것이다.

다시 말하지만 우리가 행복하지 못한 것은 작은 결과에 지나지 않는다. 가장 먼저 행해야 할 의무는 롯이 소돔의 도덕적 파멸을 피하였듯이 우리도 세상 속에 있는 파멸에서 빠져나와야 한다. 그리고 무엇보다 하나님의 총애를 구해야 한다. 또한 순종하며 우리 자신을 예수 그리스도의 완전한 권위하에 두어야 한다.

물론 이렇게 행동하노라면 이 세상과 적대 관계에 놓일 수밖에 없다. 그리고 자연히 불행이 따라올 것이다. 여기에 마귀의 유혹과, 육(肉)과의 투쟁 등이 더해질 것이다. 아마도 즐거움은 좀 더 나중으로 미룰 수밖에 없게 된다.

이런 상황에서 어린아이같이 행복해지려고 애를 쓴다면 도덕적으로 다소 추해 보인다. 또 슬픔의 사람(Man of Sorrows, 이사야 53:5-6 참조 -편집자주)의 정신에 비하면 너무 낯설고, 주의 제자들의 행함과 가르침에도 상반되는 것처럼 보인다.

그리스도의 이름으로 호소하는 것은 그저 대중을 순간적인 것에 초청하는 데 지나지 않는다. 이는 예수님 말씀 몇 마디를 거들먹거리며, 마치 자신이 진정한 그리스도인인 양 과시하는 단순한 인본주의과 하등 다를 것이 없다.

진정한 그리스도인은 예수 그리스도의 정신과 가르침을 따른다. 그 이외의 것은 어느 곳으로부터 그것이 발산되든 관계없이 그리스도인이 아니거나 적그리스도인 것이다.

우리가 부끄러움도 모르고 그리스도의 말씀을 변경시키려고 하는 것이 이상하지 않은가? 바로 그리스도께서 그들을 위해서 죽었다고 말하면서, 또한 그리스도를 위하여 말한다고 하면서 그리스도의 말씀을 변조시키려고 하니 이보다 더 이상한 일이 어디 있겠는가?

그리스도께서는 사람에게 십자가를 지라고 부르신다. 그분은 그에게 세상을 잊어버리라고 부르신다. 그러나 우리는 만일 예수 그리스도를 영접하기만 하면 세상은 그의 것이 된다고 확신시키고 있다.

그분은 고통을 당하라고 그들을 부르셨다. 그러나 우리는 현대 문명이 제공하는 모든 사치를 즐기라고 그들을 부른다. 그분은 그들을 스스로를 포기하고, 죽으라고 부르신다. 그러나 우리는 그들이 푸른 잡초처럼 뻗어 나가 마침내 5급 정도의 불쌍한 종교계 스타가 되라고 부른다. 그분은 그들을 경건하라고 부르신다. 그러나 우리는 그들에게 스토아 철학자들까지도 책망할 값싸고 비겁한 행복을 누리라고 말한다.

이런 세상에서 진정한 그리스도인은 어떻게 해야 할 것인가?

첫째, 당신 자신에 관한 사실을 그대로 받아들이기 바란다. 당신이 의사에게 가는 것은 위로를 받기 위해서가 아니라 무엇이 잘못되었는지 발견하고 치료하기 위해서다. 하나님 나라와 그의 의를 구하라. 그리스도를 통하여 하나님 앞에서 바른 관계를 갖도록 구하라. 그리고 동료들과 바른 관계를 유지하라.

당신의 행위들을 점잖게 고쳐 보라. 하나님을 크게 하고, 육은 죽이며, 생활을 단순화 하라. 당신의 십자가를 지고 이 세상에 대하여 죽는 것을 그리스도에게서 배우라. 그리하면 하나님이 알맞은 때에 당신을 일으키실 것이다.

당신이 만일 이와 같은 것을 믿음과 사랑 안에서 행한다면, 당신은 평안을 알게 될 것이다. 이때의 평안은 인간의 모든 지각을 초월하는 하나님의 평안이 될 것이다. 또한 기쁨을 알게 될 것인데, 이 기쁨은 육의 것을 즐기는 인간의 육적 즐거움이 아니고 부활의 기쁨이 될 것이다. 당신은 성령이 주시는 위안을 알게 될 것인데, 그것은 마치 사막의 샘물처럼 솟아나게 될 것이다. 당신이 그것을 구하였기 때문이 아니라, 어떤 값을 치르고라도 하나님의 뜻을 행하기로 하였기 때문에 솟아나는 것이다.

우리는 지금 고통 중에 있지만 누구보다 여유가 있다. 왜냐하면 영생이 약속되어 있기 때문이다. 그리고 그때 우리가 누릴 즐거움은 확실하고 순수한 것이며, 알맞은 때에 알맞은 방법으로 임할 것이기 때문이다.

사명선언문

너희가 흠이 없고 순전하여······세상에서 그들 가운데 빛들로
나타내며 생명의 말씀을 밝혀 _ 빌 2:15-16

1. 생명을 담겠습니다
만드는 책에 주님 주신 생명을 담겠습니다.
그 책으로 복음을 선포하겠습니다.

2. 말씀을 밝히겠습니다
생명의 근본은 말씀입니다.
말씀을 밝혀 성도와 교회의 성장을 돕겠습니다.

3. 빛이 되겠습니다
시대와 영혼의 어두움을 밝혀 주님 앞으로 이끄는
빛이 되는 책을 만들겠습니다.

4. 순전히 행하겠습니다
책을 만들고 전하는 일과 경영하는 일에 부끄러움이 없는
정직함으로 행하겠습니다.

5. 끝까지 전파하겠습니다
모든 사람에게, 땅 끝까지, 주님 오시는 그날까지
복음을 전하는 사명을 다하겠습니다.

서점 안내

광화문점 서울시 종로구 새문안로 69 구세군회관 1층
02)737-2288 / 02)737-4623(F)

강남점 서울시 서초구 신반포로 177 반포쇼핑타운 3동 2층
02)595-1211 / 02)595-3549(F)

구로점 서울시 동작구 시흥대로 602, 3층 302호
02)858-8744 / 02)838-0653(F)

노원점 서울시 노원구 동일로 1366 삼봉빌딩 지하 1층
02)938-7979 / 02)3391-6169(F)

일산점 경기도 고양시 일산서구 중앙로 1391 레이크타운 지하 1층
031)916-8787 / 031)916-8788(F)

의정부점 경기도 의정부시 청사로47번길 12 성산타워 3층
031)845-0600 / 031)852-6930(F)

인터넷서점 www.lifebook.co.kr